书山有路勤为径，优质资源伴你行

注册世纪波学院会员，享精品图书增值服务

·项|目|管|理|核|心|资|源|库·

[美] 特里·施密特 著
（Terry Schmidt）

傅永康 袁辉 闫清 译

让战略项目管理变得简单

领导者和团队的解决方案工具

（第2版）

Strategic Project Management Made Simple

Solution Tools for Leaders and Teams,
Second Edition

电子工业出版社
Publishing House of Electronics Industry
北京·BEIJING

版权贸易合同登记号　图字：01-2021-5317

图书在版编目（CIP）数据

让战略项目管理变得简单：领导者和团队的解决方案工具：第2版 /（美）特里·施密特（Terry Schmidt）著；傅永康，袁辉，闫清译. —北京：电子工业出版社，2023.4
（项目管理核心资源库）
书名原文：Strategic Project Management Made Simple: Solution Tools for Leaders and Teams, Second Edition
ISBN 978-7-121-45301-4

Ⅰ.①让… Ⅱ.①特… ②傅… ③袁… ④闫… Ⅲ.①项目管理 Ⅳ.①F224.5

中国国家版本馆CIP数据核字（2023）第075896号

责任编辑：袁桂春
印　　刷：北京七彩京通数码快印有限公司
装　　订：北京七彩京通数码快印有限公司
出版发行：电子工业出版社
　　　　　北京市海淀区万寿路173信箱　　邮编100036
开　　本：720×1000　1/16　印张：13.75　字数：191千字
版　　次：2023年4月第1版（原著第2版）
印　　次：2024年4月第4次印刷
定　　价：68.00元

凡所购买电子工业出版社图书有缺损问题，请向购买书店调换。若书店售缺，请与本社发行部联系，联系及邮购电话：（010）88254888，88258888。
质量投诉请发邮件至zlts@phei.com.cn，盗版侵权举报请发邮件至dbqq@phei.com.cn。
本书咨询联系方式：（010）88254199，sjb@phei.com.cn。

译者序

我从小就对太空探索之类的科学话题非常感兴趣，以前主要通过书籍、报纸、电视、电影等方式获得相关知识，直到2017年去美国休斯敦参加PMO全球高峰论坛，才终于有机会到NASA约翰逊航天中心参观，亲眼一睹当年阿波罗登月计划的控制室、土星5号火箭、航天飞机等历史遗迹与实物，了却了多年的心愿。所以，当看到本书作者特里·施密特在第1章分享他的太空梦时，便有一种由衷的认同感与亲切感。

项目是组织战略落地的载体。传统上，战略通常是由组织高层或高层直属的战略规划部门来制定的，而项目通常是由具体的跨职能的项目团队来实施的。战略管理作为一门管理学科，可帮助管理者站在高管的角度，从如何建立竞争优势并保持组织可持续发展的层面思考组织的战略行为，但是战略思考与战略落地在组织中通常并不是由同一群体来实施，这势必导致从战略制定到项目选择与具体的战略实施之间存在客观的鸿沟。

现实中的项目管理通常聚焦于项目立项之后通过项目管理过程和工具来成功交付项目可交付物。由于管理视角是在项目经理层面，往往做着做着就会有种"不识庐山真面目，只缘身在此山中"的感觉。通常，在"项目与组织战略保持一致"这个关键问题上人们很容易走偏，所以项目管理中非常强调战略一致性，希望通过对战略一致性进行约束，使项目在前进的过程中始终能与组织战略目标保持一致。

对于如何弥合战略与实施间的鸿沟并在项目实施过程中管理战略一致性，组织往往缺少系统的方法。本书精彩之处就在于，作者根据他自身的实践经验提出了一个实用的项目管理系统思考模型——逻辑框架（LogFrame）模型，能够使项目管理更加符合战略落地的要求。

"系统思考"是在项目管理协会（PMI）最新的《PMBOK®指南》（第7版）中所确定的一个项目管理原则，该原则要求应从整体角度识别、评估和响应项目内部和外部的动态环境，从而积极地影响项目绩效。尤其当把项目视为价值交付系统中的一个组成部分时，管理者就更需要从战略视角来审视项目管理。

在PMI最新的标准体系中，很强调"战略—目标—举措—输出—成果—收益—价值"这一完整的价值环，而本书则起到非常好的呼应作用。本书的核心是作者发明的逻辑框架模型，模型中的输入和成果对应了项目交付与管理层面的视角，意图和目的对应了价值实现与战略层面的视角。在项目的全过程中，通过这四个维度，持续对四个核心问题进行提问，以在重要干系人层面达成共识，从而促进项目成功开展。

总体而言，作者的实践和研究对于弥合战略与实施间的鸿沟做出了杰出的贡献。在某种程度上，本书填补了国内项目管理书籍在战略层面的空白，为组织高管和项目管理从业者提供了一个非常实用且已经在全球经过十多年应用及验证的战略项目管理方法，从系统思考的角度，把组织战略和项目管理有机地结合起来，通过构建逻辑框架，使组织战略项目落地更有章可循，让项目成功有更大的保障。我相信，这能为组织高管理解和管理项目带来更多的启发，也更有助于达成让战略项目管理变得简单这一目标。

在本书的翻译过程中，得到了清晖学术同事袁辉老师、闫清老师和陈万茹女士的鼎力相助，对于他们的参与和辛苦付出，在此表示由衷的感谢！

傅永康

2023年2月于上海清晖

赞誉

"本书揭示了项目管理中保守得最好的秘密。它以清晰、统一的格式将项目的战略目标与执行的具体细节联系起来。每个项目的商业论证都应该包含一个逻辑框架。这种实用方法是项目设计中不可或缺的。"

——艾里克·韦如

《MBA速成教程项目管理》作者、Versatile公司总裁

"对于想要更好地控制项目战略和执行的领导者，本书是绝佳的资源。这个简单的框架将指导管理者解决他们应该提出的关键问题，以领导成功的项目——强烈推荐！"

——哈桑·奥斯曼

思科PMO总监、《项目启动》作者

"特里在我们享有盛誉的'技术领导力'课程中任教30多年，是我们的顶级讲师之一。他擅长将复杂的项目管理问题简单化，方便专业人士应用。我见证了数以千计的商业和技术领导者应用他书中的原则，从而在项目中脱颖而出。"

——约翰·李

UCLA扩展技术管理项目部经理

"特里的书为我们非营利组织实施变革和建立第一个PMO提供了蓝图。他的方法简单易懂，让我们的管理者开始战略性地思考和规划，以实现最重要的目标。"

——戴维·谢泼德

The Navigators业务系统和项目管理部总监

"读了特里的书，我对战略和项目管理的理解增加了一个新的维度。本书是每位项目经理、高级管理者和领导者的必备指南。"

——伊戈尔·兹多罗维亚克

项目总监、播客主持人

"如果你是团队或项目的领导者，请阅读本书！大多书籍使交付结果的过程变得复杂，但特里在设计实用工具方面做得非常出色，这些工具可以简化你交付战略项目的过程。"

——安迪·考夫曼

项目管理和领导力主题演说家、作家、教练和播客主持人

"特里的幽默感和丰富的生活经历为这个主题增添了一个维度，这在商业战略书籍中并不常见。他不仅提供了一种简单、有效的方法来规划和实现项目结果，还提出了项目领导者的自我掌控技能在带领团队取得项目成功方面发挥着巨大的作用。这是一本非常人性化的书。"

——苏珊·拉德万

2021—2022年战略规划协会主席

"伟大的项目管理是将愿景变为现实的'超能力'，但很少有人能够很好地教授它。特里的书是对常识的重新认识，提供了简单的工具和通

用语言，帮助团队提高影响力。"

——迪帕·普拉哈拉德

设计战略师、《设计的魔力》合著者、印度商业思想家50强

"特里的书是将战略转化为行动的权威指南！他的系统简单、实用，使管理者能够更轻松地为其组织制订有效的项目计划。"

——安妮·库尔兹罗克

管理研究协会与虚拟项目区域总监

"无论你是高级管理者、项目经理还是主管，引领变革都是成功的核心。如果你想了解如何操作，请遵循特里的战略项目管理方法，为你的关键举措注入活力，并实现成功和可持续的变革。"

——芭芭拉·特劳特林

《变革智商》作者、变革催化公司首席催化师

"通过特里的系统，我将自己的业务和职业发展到了前所未有的成功水平。请尝试一下，发现创新的项目战略可以为你做什么。"

——约瑟夫·麦克伦登三世

终极绩效专家

"麻省理工学院开发战略项目规划和设计方法时，特里的书为其提供了基础。这种方法现在是我们化学工程项目实验室的一部分。它显著提高了研究生团队的绩效，并在早期培训中就使他们掌握了关键技能。"

——克拉克·科尔顿

麻省理工学院化学工程教授

本书兑现了它的承诺：一个流程和一个框架，可以更好地使项目与组织战略保持一致。特里的流程和框架可帮助组织更好地选择并证明与'战略相关'的项目。本书包含有趣的故事和简单的概念，任何人都可以在组织中实施。本书还涉及建立有效团队所需的准备工作……这是对其他项目管理书籍的有效补充。"

——霍华德·罗姆

平衡计分卡研究院联合创始人兼总裁

"我喜欢在生活和工作中应用特里的逻辑框架，因为它可以帮我消除混乱，并以某种方式组织想法，以达到预期的结果。在工作中，它帮助我汇集不同的意见，让团队保持一致，找出错误的假设，并走上一条有凝聚力的前进道路。"

——乔丹·布拉斯德尔·凡伊诺

普林斯顿等离子体物理实验室人力资源和组织发展执行部总监

"特里是一位伟大的思想家和热情洋溢的老师。他以一种解决复杂问题的方式写作，并以易懂和可执行的方式解释它们。如今，每个人都需要他在本书中分享的强大策略。"

——克里斯·科菲

Marshall Goldsmith利益相关者为中心的教练®总裁

"特里的战略思维和行动方法在我的生活中创造了奇迹，我相信每位领导者都需要让自己的团队阅读这本经典著作。特里的逻辑框架方法将改变你对执行复杂计划甚至整个生活的思考方式。使用该方法的项目已被不同公司定义为最佳的IT展示项目。"

——普伽·桑德

微软工程财务总监

"本书中介绍的简单系统使我能够围绕我们正在努力实现的目标快速调整团队，并衡量每个层级的成功。我首先使用这种方法从零部件制造商转为机电组装商，这使我们的收入从4000万美元增长到超过1.2亿美元。这是我工具箱中用于调整组织、制定KPI和风险控制计划的首要工具。"

——费尔南多·阿马罗

工业领域企业家

"向大师学习，因为特里提供了实用的实践工具，以解决那些让优秀领导者夜不能寐的棘手问题。特里将带你从超现实世界进入战略思考和规划的现实世界。"

——詹姆斯·惠伦

DirecTV股份有限公司副总裁

"特里的书是制订成功计划的万能工具。无论是敏捷还是其他方法，我都从特里的逻辑框架和4个战略问题开始，以确保我的业务计划是为成功而设计的。本书与其他项目管理书籍的不同之处在于，它提供了一条简单易行的路径，指导我们从想法开始，直到获得承诺的结果。让项目管理一点就通！"

——蒂尔·霍利曼

克瑞化学制药与能源部副总裁/总经理

"项目管理软件可能让人头疼，因为它通常很难学习，并且只教你如何跟踪项目而非如何管理它们。特里的书是一剂良方，可以帮助你理解项目管理，因此你可以轻松、快速地学习，并成功应用。"

——吉姆·麦库姆

战略规划协会前主席

"如果项目经理想要最大限度地减少挫折感、激励员工，并交付远超平均水平的产品，本书是终极工具。"

——亨得利·韦辛格

心理学家、《高效抗压行动法》作者

"我在金门大学教授的MBA课程中使用了特里的书，发现它是学生学习战略分析和设计的理想工具。有一些书是每位专业人士都应该阅读、应用并放在书架上以备随时参考的，本书就是其中之一。"

——玛丽·安妮·布莱迪

大学讲师和战略顾问

"本书清楚地解释了一个项目的各种目的和目标之间的关系，这促使项目经理为确保成功付出额外的努力。我所在的部门正在将这种突破性的方法用于帮助难民和移民融入欧洲社区的项目。"

——阿里·拉希迪

瑞典乌普萨拉大学国际合作部主任

"特里的方法论一直是我用来规划各种战略举措的指南。我曾尝试过其他方法，但最后又回到了他的框架。它很简单，可以帮助任何人将主要问题分解为可管理的组件，以取得成果。"

——吉米·戈达尔

国际领导力演讲者、PMI波特兰分会前主席

"对于各个年龄段的专业人士，这是一本必读的书。特里的独特天赋在于他的著作具有变革性。当你阅读他的书时，你会感到他就在身边，

真正关心你的职业和个人发展。你会勃然奋励、全力以赴，并做好准备，展现最好的自我！"

——奇普·埃斯皮诺萨

《管理千禧一代》作者

"这种方法既简单又不可或缺。我的项目团队在为客户开发网络安全解决方案时会使用它。它让我们走上了正轨，并帮助我们减少导致项目失败的风险和错误假设。"

——大卫·莱姆

《洛杉矶商业杂志》年度非营利组织前首席信息官

"在项目管理中，战略思维往往被忽视，从而导致各种各样的麻烦和问题。特里的框架是非常有用的指南，能弥合这一差距，并创建有效变革。无论项目的规模和类型如何，我都向对成功转型感兴趣的人强烈推荐本书。"

——里克·温德·哈通

业务转型顾问、项目经理

"使用特里的方法进行规划，好处显而易见。"

——亚当·吉尔摩

美国国家航空航天局空间站机械装置负责人

"特里的系统简单、实用，可用于工作和生活。我与我的团队一起使用它来提高生产力，以及规划我的职业和家庭未来。"

——万柴·西瑞–伊萨拉蓬

丰田汽车泰国有限公司总经理

"特里的框架非常有效地将企业目标与业务部门目标和个人成果联系起来。"

——帕查娜·塔纳特瑞

泰国证券交易所人力资源副总裁

"特里提供了一种清晰且引人注目的方法，用于创建整合我们所有子部门的企业级战略。对于任何想要振兴其组织的领导者，这都是一本必读的书。"

——戴尔·霍

洛杉矶县助理办公室再造工程主任

"作为一名工程师，虽然不情愿，但不得不承认，对于管理流程，我感到很失望。而特里的模型是组织和执行复杂战略的合乎逻辑且明显有效的工具。"

——戴维·桑德斯

TRW公司工程师

"用全新的方法设计和实施能够实现其目标的项目，一针见血。"

——菲利普·戈切尔

微软公司董事（退休）

"许多管理工具听起来不错，但很难应用。特里提供的工具能够帮助团队更快地开始，更聪明地思考，并完成更多的工作。"

——林恩·巴拉德

Beckman Coulter公司信息安全经理

"本书提供了简洁、简单且高效的工具，可以将问题转化为行动计划。使用特里的4个战略问题和逻辑框架工具分解项目，可化繁为简。"

——安妮·吴

3M Unitek公司精益六西格玛黑带

"特里改变了我做规划的方式，这大大提高了我达成目标的能力。"

——劳里·特里利特

洛斯阿拉莫斯国家实验室环境物理学家

"这些工具不仅让你受益，还让你的整个团队受益。"

——库马尔·塔林基

Symantec公司高级软件工程师

"本书使复杂项目、大型项目的可视化变得更容易。这有助于你有效地沟通，并向整个团队展示你的想法。"

——基恩·邦尼奇

芬兰TEKES公司项目经理

"这种方法为规划人员、经理、分析师提供了工具和洞察力，在快速变化的IT环境中，可以成功地重塑正在进行的流程再造工作。"

——迈克尔·格林哈尔希

萨克拉门托公共事业部主管

"战略管理可能是一个非常枯燥的主题。然而，真正的高手可以把这个枯燥的主题变成一种最具启发性和高度可用性的管理工具。特里就是这样一位难得的大师。读他的书是明智的，参加他的课程则更明智。"

——瑞金特·科尔

新加坡裕廊集团高级营销官

前言

项目是进步的引擎。在目之所及的世界里，项目可以促成绝大多数的进步和积极变化。项目依然是我们实现未来愿景、目标和希望的最佳机制。项目的领导者是我们这个时代的无名超级英雄。

但我们生活在易变、不确定、复杂和模糊（Volatile、Uncertain、Complex、Ambiguous，VUCA）的环境中，交付成功的项目变得更困难。我们需要解决的问题更复杂，面对的风险更高，交付解决方案的压力也更大。

对于原本处境艰难的领导者，这些因素在领导组织和项目团队方面提出了新的要求。但从积极的方面来说，交付真正有意义的创新项目的机会也大得多。

这些动态使所有项目领导者和团队有责任不断更新战略技能，并学习更好的方法，以应对他们从未遇到过的挑战。这就是我写本书的原因。

将战略转化为行动

本书为你提供了一种合乎逻辑、循序渐进的方法和通用语言，可以帮助你强化战略性思考，更有效地规划和更顺利地执行，以获得更好的结果。

本书中的方法论提供了一种系统思维方法，汇集了两种方法论的核心原则：战略规划和项目管理。尽管这两者都是必不可少的，但实践中，在我们设定的基本战略目标与旨在实现这些目标的项目之间，往往存在巨大且代价高昂的差距。

为了缩小预期结果和实际结果之间的差距，在项目的执行路径中，项目团队必须变得更具战略性。这意味着要从项目背后大的原因着手，以便更好地了解项目如何适应全局。同样，高级管理层和其他制定战略的人员需要更加关注项目本身。

为了解决复杂的问题，我们需要一个简单的规划过程——尽可能易于理解，但不能没有深度：足够简明，足以让人理解更大的结构而非不知所措；足够简洁，但不过于简单；足够容易，以便人们可以在任何环境中轻松习得并应用。这就是为什么接下来的方法基于驱动项目设计过程的4个简单问题，从"为什么"开始，然后从逻辑上确定"是什么""如何""谁"和"何时"。

项目领导者交付结果

我对项目领导者的定义是任何对交付结果负责的人。无论你是在大公司、小企业、政府机构、非营利组织任职，还是自主创业，只要勇于承担责任，你就是项目领导者。

你的职位名称中可能不包括"项目领导者"这个词，但你正在阅读本书这一事实将定义你为一个"项目领导者"。通过在这一领域投入时间学习，你将脱颖而出，成为致力于发挥最大积极影响并为他人服务的人。

为不断变化的未来世界做好准备

2020年，相互关联的危机提醒我们，世界会突然发生巨大变化。除了导致大量人员丧生，疫情还引发了一场经济和商业危机，几乎扰乱了我们生活、工作、娱乐和社交的方方面面。这些冲击的后果将在今后十几年内陆续显现，这就需要各种类型的组织采取创新的应对措施。

还有多种其他变化因素在起作用，包括不断改变的客户期望、技术进步、人口结构调整、全球竞争和政治因素，更不用说气候变化和全球经济形势变化。

所以，请系好安全带，做好准备，在快节奏、复杂且不断变化的环境中前行。准备好面对问题，并抓住前所未有的机遇。如果配备了正确的工具，即使旅程中时有颠簸，你也可以战胜颠簸，并到达目的地。

项目团队需要什么

项目团队有各种类型、规模、组织和形式。最具创新性和面向未来的工作将由各种不同配置的项目团队完成，包括跨职能的任务小组、完整的工作单元、分布式虚拟团队和跨业务领域的临时小组。

由于技术的发展，一个团队的成员可以身在世界上的任何角落，因此项目通常汇集不同维度的新角色，他们技术多样，文化多元，在种族、地理、语言、个性方面各不相同。他们的价值观、思维方式和工作方法也各不相同。多样性可能是一种优势，但当团队成员缺乏共同的规划路径时，也会使项目启动变得困难。

当新的项目团队形成时，团队成员需要组织起来，制订一个合理的计划，然后付诸行动。为此，他们需要一个简单的、循序渐进的方法，共享的项目术语表，以及制订计划的逻辑组织结构。本书中介绍的逻辑框架方法满足了该要求。

本书的读者是谁

多年来，我在全球范围内的高科技、低科技和非科技企业，政府和非营利组织中应用、发展和微调了这种方法。下面的概念是普遍适用的，并将使任何致力于产生积极影响的人从中受益。如何应用它们取决于你的角色。

高级管理者（包括CEO、高级发起人、项目经理、战略规划人员和部门负责人）将找到一种合乎逻辑的语言，与执行关键项目的人员清晰地沟通和分享战略意图。

项目团队、工作小组和变革推动者将找到一种更快速、更彻底的方法来加快项目进度，因为他们同时建立了强大的团队，并制订了有效的计划。

如果你是企业家、顾问或远见卓识者，这些想法将帮助你专注于那些对你完成使命最重要的事情。

本书将指导你去做你要做的一切。无论是开始新项目、加速现有项目，还是重塑商业模式、整合新技术、简化内部运营、制订战略计划、升级核心流程、研发下一代产品、提供高质量服务、服务新客户、培养未来人才、扩展业务范围或调整组织等，这些原则都适用。

你将在本书中发现什么

本书并不打算涵盖其他项目管理书籍或培训计划中的主流项目管理技术。书中没有创建工作分解结构、计算挣值或应用其他传统项目工具的说明，因为这些知识在其他地方很容易获得。

你将在本书中发现一种常识性的、基于系统思考的方法，你几乎可以轻松地将其应用于任何项目。这种方法不会与传统的项目规划方法产生竞争或冲突。事实上，通过添加大多数其他方法缺少的战略视角，本书的方法可以使传统项目规划方法更有效。这为任何项目提供了理想的前端起点，无论你是选择敏捷还是任何其他类型的项目生命周期。

十多年前，我写了本书第1版，目的是与那些致力于在工作和生活中产生积极影响的领导者分享我所知道的最佳战略管理实践。我很感激有这么多同行者与我分享，他们的项目成功率在应用这种方法后显著提高。此外，他们的团队会体验到来自明确目标和明确方向的共同成就感。

将强大的战略技能与灵活的思维方式及充满关爱的心灵相结合，你就能够应对和克服最大的障碍，并体验因改变而生的满意感。

本书的新内容

自本书第1版问世以来，我已经指导了来自高科技、制造、研究、服务、游戏、政府管理和国家安全等各个领域的数以千计的高级管理者、项目领导者和团队，以完善他们的核心战略，同时忠于他们的愿景和价值观。接下来，我将分享其中一些相同的原则和策略。

第2版在第1版基础上进行了全面修订与扩展，包括我自第1版出版以来获得的新洞察，以及读者与我分享的应用创新。你将看到以下新内容：

- 弥合战略规划和项目管理之间代价高昂的鸿沟。
- 在整个项目中邀请干系人参与。
- 整合该方法与敏捷及其他新兴工具和流程。
- 创造一个心理上安全的环境，让人们可以尽情发挥。
- 管理思想和情绪的"内心游戏"，以优化绩效。
- 当发生重大转变时，调整组织或部门。
- 将这些原则应用于个人生活和职业。

本书将逐步指导你如何将好的想法、问题或机会转化为切实的结果。此外，你将看到其他项目领导者如何使用这些工具来吸引和激励他们的团队。

充分利用这段学习旅程

本书由以下3部分组成，每部分包括4章：

- 第1部分探讨了使战略项目管理既简单又强大的原则。
- 第2部分以第1部分为基础，深入阐述了设计可执行项目的步骤。
- 第3部分整合了所有内容，并探讨了项目团队中人的动态。

每章都有示例和真实的案例研究，每章末尾都有要点回顾，便于快速回忆。

一直以来，我分享自己的故事，讲述是什么启发了我的职业路径选择，以及改变了我人生的导师们。我分享这些是为了鼓励你思考自己的人生旅程，并为自己做出积极改变的承诺而感到自豪。

我建议你在本书的关键句子下画线来做标记，并在空白处写下你自己的想法。在学习过程中，经常思考这些想法，并在你自己的项目中尝试运用，以便清除前进道路上的障碍。

没有人能准确预测未来，但有一件事是肯定的：我们需要协作的思维、协调的行动，再加上紧迫感，在企业和社区中构建我们想要的未来。这需要我们所有人行动起来——你、我，我们所有人。仔细思考，然后应用本书中的战略原则，将使你能够搬开前进道路上的"绊脚石"。

你很快就会发现，这些原则能让你更宏观地思考、更明智地计划，并更迅速地采取行动，从而在职业和个人领域实现雄心勃勃的目标。能做到这一点的人很少，而你即将成为其中之一。

让我们开始吧！

"专注和简单一直是我的秘诀之一。简单可能比复杂更难做到：你必须努力厘清思路，从而使其变得简单。但最终这是值得的，因为一旦你做到了，便可以创造奇迹。"

——史蒂夫·乔布斯

致所有致力于通过学习和运用简单战略来改善工作和生活，让世界变得更加美好的人。

目录

第2部分　掌握4个关键战略问题

第3部分 将概念付诸实践

第1部分

获得战略优势

本书前4章研究了战略项目管理的各种概念是如何结合起来的，并提供了一种可重复使用的方法，以创建更有可能成功的项目。

第1章 介绍了本书的核心概念，并展示了核心概念如何令你的项目、团队、组织和职业生涯从中受益。

第2章 探讨了基本原则，它是所有战略或项目的支柱，也是这种常识性方法的核心。

第3章 阐述了设定项目目标的艺术，这些目标与更广泛的战略明确一致。

第4章 介绍了解决方案工具，并展示了其如何改变一个绩效不佳的组织。

第1章

培养战略项目思维

> 我们不能用创造问题的思维方式来解决问题。
>
> ——阿尔伯特·爱因斯坦

本章将引领你了解全新的项目设计和交付方法，以使项目产出可衡量的收益。

本章谈及的项目的系统思维方法，其有效性在各个类型的行业和项目类型中已经得到验证。应用这种方法可以缩小战略目标和实现这些目标所需的项目行动计划之间的差距。

本章先对逻辑框架（Logical Framework）进行了概述。即便在不确定性很强的时代，该框架也是一个可以让你在职业生涯和个人生活中获得竞争优势的问题解决方法。该框架及其4个关键的战略问题可以帮助你有效地设计项目战略，从而推动你所在的组织和你个人的职业生涯取得进步。

此外，本章还将分享美国国家航空航天局（National Aeronautics and Space Administration，NASA）付出惨痛代价得到的一个永不过时的经验教训，以及我的切身经历。

☑ NASA 准则第 15 条能教会我们什么

在职业生涯的早期，我有幸与NASA合作，在那里我开始痴迷于设计和交付重要的项目。你不必成为火箭科学家，也能理解NASA准则第15条。

> 问题的种子很早就被埋下。初始规划是项目最重要的部分。对大多数失败项目或项目问题的审查表明，灾难往往从一开始就注定了。
>
> ——NASA准则第15条

想一想，你是否遇到过本可以通过更有效的初始规划避免的项目问题？如果是这样，你并不是个例。

基于观察到的项目团队规划项目的典型方式，我发现有3种方式导致"问题的种子"很早就被埋下。

第一，使用的规划方法和工具过于复杂与受限，或者不适合制订所需类型的可行动计划。在一些组织中，强制使用的方法并不适当，导致人们往往在没有首先真正理解项目背景和战略目标的情况下，便开始填写所需的表格。

第二，项目成功所需的很多因素超出了项目范围，在规划时并未考虑到。每个项目都是其所处的大场景中的一块拼图，如果在项目设计过程中没有理解这些战略联系，就会忽视可能导致项目失败的风险。

第三，过早地聚焦于"如何"完成这个项目，而不是透彻、全面地理解"为什么"应该完成这个项目。这种项目计划，即便执行得很好，也很少能实现预期的结果。

我的责任是指导你通过一种简单、合乎逻辑且灵活的规划方法来克服上述这些难点，并使你的项目团队更快、更容易地行动起来。根据我的经验，这种方法可以将前期项目规划时间缩短2/3，同时使你成功的概率翻倍。

☑ 弥合战略与执行之间的鸿沟

近年来，项目管理协会（Project Management Institute，PMI）、国际项目管理协会（International Project Management Association，IPMA）、战略规划协会（Association for Strategic Planning，ASP）等专业协会在越来越多的领域强调战略和项目之间的联系。这两个关键领域之间存在巨大的鸿沟，导致了难以负担的、惊人的人力和财务资源浪费。

根据《财富》杂志的报道，70%的战略失败原因是无法实施，即使这些战略本身是合理的。据《福布斯》杂志估计，54%的技术项目失败可以归咎于管理不善，而只有3%归咎于技术问题。应该明确的是，应用使人们能够全面思考并在逻辑上将项目与战略目标联系起来的简单概念是解决方案的一部分。

系统思维的力量

几年前，ASP的主席聘请我帮助制订一个严格的战略规划师认证方案。当时，任何名片上写着"战略规划师"的人就可以自称是战略规划师。没有共同的标准、技能要求或认证合格人员的方法。

我参与的任务之一是与平衡计分卡研究所（Balanced Scorecard Institute）的所长霍华德·罗姆合作。我们评估了最有效的战略规划方法背后的共同元素。我们确定的第一个标准是所有有效的方法都要基于系统思维原则。

系统思维着眼于全局，将项目置于更大的运行环境中。它考虑事物是如何相互影响的，也就是说，一个项目如何影响它所在的组织、系统或环境，以及如何受这些要素的影响。

系统思考或系统思维又称战略思维、大局观思维、发现思维、批判性思维、解决方案思维、构想、长期思维、高层级思维。系统思维与广泛使用的"分析"思维或"线性"思维相反，后者是零碎的、有局限的。

分析思维在我们规划项目的细节信息时可以发挥作用，但是我们需要从能产生预期影响的系统思维开始。在介绍我的人生故事之后，我们将介绍项目的系统思维方法。

☑ 向月球进发

请让我分享一下自己的人生故事，这样，你就能了解我的这些想法是如何产生的。我将在这里开始介绍我的故事，后续章节将陆续添加其他部分。

我的父亲是一名推土机司机，在美国西北地区的建筑项目中工作。我们一家四口（加上一条狗及一缸小且勇敢的孔雀鱼）住在一个面积为22平方米的拖车屋里。当一个建筑项目结束时，我们就把拖车屋挂在皮卡上，然后搬到下一个地方。

因为我们通常会在学年期间搬家，所以在上高中之前，我在美国四个州的八所不同的学校就读。你都可以用"敏捷"来形容我的生活。到了初中，我不得不快速弄清楚哪些孩子是可以结交的，哪些需要远离；老师是什么样的，在哪些方面我可以侥幸过关，哪些方面不能。如今，我会称之为"干系人分析"。

我的火箭生涯是如何开始的

我永远记得改变了我的人生方向的那一天。1954年10月4日，在美国加利福尼亚州的韦弗维尔，我正坐在小学五年级的数学课堂上。我的老师史密斯夫人冲进来，宣布苏联已经将一颗卫星发射进入环地球轨道！那天晚上，我们一家人在拥挤的客厅里围坐在一台17英寸的黑白电视机前，观看哥伦比亚广播公司新闻主播沃尔特·克朗凯特先生音色模糊的广播，他宣布斯普特尼克1号（Sputnik-1）的发射已经开启了一个新时代——太空时代。

克朗凯特先生很快就对我的生活和事业产生了更大的影响。这里我有点说早了，我的这部分故事要等到第5章再说。

尽管我不理解地缘政治的含义，但我知道火箭和卫星要比我的电动火车酷多了。于是，我开始用手头的资源制作火箭。我用铝箔包在一支铅笔的末端，做成一个空心的圆柱体，然后抽出铅笔，在圆柱中填满火柴头。这样，我建造了我的第一枚火箭。我将铝箔拧成各式喷嘴，然后将其点燃并退后，它会噗噗地飞出去0.6米左右。这是我火箭生涯充满希望的开端！

一次大胆的总统宣言

下一个影响我职业方向的重大里程碑出现在高中，美国时任总统约翰·F.肯尼迪向美国国会发表了著名的宣言，承诺美国将载人登月。

> 我深信我们的国家将在这个10年结束前达成一个目标，即让宇航员登陆月球并安全返回。
>
> ——约翰·F.肯尼迪，1961-5-25

肯尼迪任命的负责这项伟大任务的人是沃纳·冯·布劳恩博士，他是美国亚拉巴马州亨茨维尔市NASA马歇尔航天飞行中心的主任。美国将在那里建造巨大的"土星5号"运载火箭。冯·布劳恩是一名德国火箭科学家，在第二次世界大战结束时，他和他的团队被带到美国（见图1-1）。

图1-1 我的第一个英雄榜样

我多么渴望成为像他这样的"火箭人"！他聪明、英俊、勇敢并富有远见，所有这些都是我这个书呆子孩子梦寐以求的。我的梦想就是将来有一天可以见到他本人。

4年后，我开始给冯·布劳恩写信，浑然不知这些信将对我的人生产生怎样的影响。哎呀！又扯远了，我们以后再回到这个故事。

将生物送到太空

上高中二年级的时候，我的下一个火箭项目来了。这是一次真正的实验，尽管有一些可疑之处。我想，如果我发射活的生物，我就能成为"火箭人"了。如果我成为一名"火箭人"，我就可以帮助人们登上月球。

从载人登月这样大的目标（为什么）出发，逆向思维，我进行的正是战略性思考，尽管那时我对此并不知晓。我们或多或少在凭直觉做到这一点，但是我们通常错过关键的步骤，在设计项目时，没有利用好这个基本逻辑的潜力。

那时，像我这样的业余火箭爱好者会用埃斯蒂斯公司生产的预建引擎制作火箭模型，将蟋蟀和蟑螂发射到空中。这些"乘客"已经无法引起我的兴趣了，因为之前有人这样做过。我需要通过发射更加令人印象深刻的生物，引起更大的轰动，从而确立我的"火箭人"身份。

但是，发射什么生物呢？找到足够小的生物是一项挑战。老鼠？太重。青蛙？太大。然后，我看到了我妹妹谢丽尔的两条孔雀鱼——米奇和米妮，它们生活在厨房橱柜上的玻璃缸里。它们的大小和重量都很适合。在我用巧克力"贿赂"我妹妹一番后，她才勉强同意借给我。

"光轮1号"是一个0.3米高的火箭模型，顶部装有不漏水的塑料客舱，直径为2厘米。这个客舱将安置两名对即将到来的冒险毫无概念的"志愿者"。客舱上附带一顶塑料降落伞，以让珍贵的负载物缓慢地降落。

我希望在那个阳光明媚的周六，你能和我们一起站在加利福尼亚州天堂高中的足球场边。在一旁看着的还有我自豪的父母、满心期待的小伙伴们，以及我那十分焦虑的妹妹谢丽尔。

我在发射台上组装了"光轮1号"，并将客舱装满水，小心翼翼地将两条懵懂的孔雀鱼装入客舱，并用透明胶带封住前锥体，开始倒计时。

"10、9、8、7、6……"（动作：点火）

"5、4、3、2、1……"（动作：后退）

"发射！"

"光轮1号"像火箭一样迅速上升，留下一道烟雾。它本可以升至600米高的地方，但它在中途破裂，降落伞失灵了，客舱垂直坠落到球门柱上。我携带装满水的回收车（实际上是一个中餐外卖盒）冲向球门区。幸运的是，客舱落在一片松软的草地上，没有破裂。

但是，一半的水都从客舱中流了出来，我勇敢的"志愿者"扭曲成一团，几乎没有小鱼能扭曲成如此形状。我得出的科学结论是孔雀鱼不是为意料之外的3-G起飞力而设计的（至少在没有训练的情况下是不能的）。

我撕掉了密封客舱的透明胶带，然后将鱼倒入回收车中。当它们沉到底部的时候，我的心也随之沉了下去。哦，不！我的火箭生涯完蛋了！

但是鱼鳍轻微的颤动表明它们并没有死，只是失去了知觉。我发现轻轻地吹动它们，然后将它们浸入水中，来回吹动和浸入，它们开始动弹了，逐渐恢复了意识。

我为《火箭模型新闻》（*Model Rocket News*）写了这次经历，引起了广泛的关注，这坚定了我去华盛顿大学攻读航空航天工程学位的决心，以此作为我未来火箭事业发展计划的一部分（见图1-2）。

后世留存

我本想说，米奇和米妮毫发无损地逃过一劫。但遗憾的是，米妮的脊椎受到了永久性的损伤，这使它每次游动都螺旋向下，撞到鱼缸底部。

而在米奇的余生里，它也只能在狭窄的直径2厘米的同心圆内水平游动。

现在，它们被完好地保存在一个小玻璃瓶里，很像埃及木乃伊。为了纪念它们具有历史意义的飞行及对火箭事业做出的贡献，在未来的某一天，我会将这两位勇敢的先驱者捐赠给"施密特研究所"以供后代瞻仰。

在后面的章节中，我将继续讲述我不寻常的"火箭人"故事的其他片段，并分享一路走来的经验教训。

MODEL ROCKET NEWS

Guppies Into Inner Space
—or—
There's Something Fishy There

by Terry Schmidt

It looked like a good day. The clouds had cleared and the sky was inviting. Two guppies about ¾" long had been obtained two days before, and they appeared strong and ready for the trip. It was Saturday, February 2, and the early morning hours were spent in last minute preparations and calculations. All rocketeers arrived at launch site, and after a few delays, we were ready to launch.

The rocket was taken out to the triple launching device and assembled on pad three. The treated water, boiled to remove the impurities and poured back and forth between two containers to absorb oxygen, was poured into the capsule. The two guppies were taken from their transport van and the

图 1-2　"光轮 1 号"戏剧性的发射历程

☑ 环境不同，问题相似

我在华盛顿大学获得了工程学学士学位，在哈佛大学获得了MBA学位，然后在位于华盛顿特区的美国交通部获得了一份项目规划师的工作，在那里我学会了如何制订战略计划。

在政府部门工作了3年之后，我成为一名国际发展顾问。随后几年，我为来自非洲、亚洲、南美洲和中东地区的20多个发展中国家的项目领导者提供培训，使他们能够设计出提高农村贫困人口生活质量的项目。正是在那个时候，我真正掌握了系统方法的力量，这种方法已经成为我和客户终生合作的基础。

做了几年国际发展工作后，我转而向公司、政府、研究院和非营利组织提供咨询服务。这些组织中的人员也在努力使项目有效地启动。他们坦率地与我分享了自己对项目的想法和感受，例如：

- "我们也做计划，但是每当我们去执行这些计划的时候，计划就会落空。"
- "我们有很好的想法，但似乎无法实施。"
- "目标总是变化。"
- "缺乏团队合作，让所有人朝一个方向努力很困难。"
- "难以应付的突发事件使我们偏离正常的项目工作，在'救火'上花了太多时间。"
- "因为我们行动得不够快，所以错失了机会。"
- "我们非常沮丧！"

最后一句话出自一位忙碌的经理，他显然很生气，因为他们花费了数周时间来设计一个本可以在几天内完成的项目。那时，我确信我的方法是有帮助的，但是当时它面向的是国际发展受众。

于是，我根据商业需要对该方法进行了调整，并开始在加州大学洛杉矶分校扩展技术管理项目（Extension Technical Management Program，UCLA）中教授它。30多年来，成千上万名项目经理、处于职业生涯中期的专业人士及技术领导者参加了我在那里开设的60多次战略项目管理课程，他们通过将该系统方法应用于大大小小的项目并获得他们想要的结果，证明了该方法的有效性。一些例子如下：

- 一家全球性的非营利卫生组织需要创建一个企业管理系统，以为世界各地的用户提供服务。

- 一家卫星电视供应商需要更加精准的方式，以打击身份信息窃取和诈骗活动。

- 因为竞争对手的技术突破对他们的主要产品产生了威胁，一家工业企业开始自我改造。

- 一家专业工业软件公司寻求扩大业务。

- 一位核能科学家组织国家研究实验室的专家回收可能落入坏人之手的放射性物质。

- 一位富有远见的企业家需要设计一种最小可行产品（Minimum Viable Product），以获得大量的投资资金。

- 一位社会服务机构的经理心系身心残疾的居民，需要弄清并解决居民莫名受伤的根源。

- 一位非营利组织的部门经理需要帮助，以建立项目管理办公室（Project Management Office，PMO）。

- 一群电子游戏狂热者需要扩大他们的业务规模，以应对其新开发的网络游戏迅速增加的人气。

- 一个国家研究实验室需要制定一个长期的研究战略，将可再生能源纳入国家电网中。

这些截然不同的项目有某些共同之处。它们中没有一个是简单或直接的。它们都很受关注，目标很重要，资源很紧张，未知数很多，交付结果的压力很大。听起来是不是和你的项目非常相似？

想出正确的解决方案就像穿过一个巨大的迷宫。想想你之前走迷宫的时候。你知道前进的大致方向，却不知道最佳路径。那是因为你在地面上，被迷宫的高墙挡住了视线，无法把握整体结构。结果是，你往往不得不在死胡同里走回头路，浪费了时间，然后变得很沮丧。但是如果你一开始就将视角抬高，获得一张鸟瞰图，到达终点的路途就变得容易多了。项目也如此。

你可能想知道，帮助发展中国家提升教育水平、降低儿童死亡率、发展经济、促进农作物增产及减少贫困的同一个系统为何能在不同的商业、技术和文化环境中起作用。原因是，不管在哪种情况下，我们将在本书中介绍的基本的潜在问题和解决方案原则本质上是相同的。

因为系统思维的理念是通用的，所以该方法的潜在应用实际上是没有限制的。索尼电子公司中该方法的拥护者肯·豪厄尔曾说："我看没有什么情况是不适用于该方法的。"

你即将学到的方法能够让你获得一种洞察，这种洞察是你一直感觉需要的，也是你尝试过的其他方法缺失的。在这个过程中，我会把事情变得尽可能简单，但很难更简单。

☑ 解决方案工具预览

与传统的项目规划过程相比，逻辑框架方法（Logical Framework Approach，LFA）是一种在更广泛、更综合、更战略性的层面对项目进行规划的设计方法。逻辑框架方法帮助我们更清楚地了解项目如何影响项目范围以外的因素，以及如何受到这些因素的影响。这就是我们所说的系统思维。

我们使用术语"逻辑框架方法"或"LFA"来描述整个方法，使用术语"逻辑框架"（LogFrame）或"矩阵"来描述使用这个方法生成的项目计划。

当前，项目设计需要首先确认：

• 为什么要执行该项目。

• 该项目将产生的影响。

• 如何实现该项目。

• 如何知道该项目是成功的。

- 项目有哪些风险。

- 项目成功还需要项目范围之外的哪些因素。

在完成这种高层级的分析之后，我们就能更好地理解执行项目所需的任务和资源。

这种方法有4个连续的步骤和问题，这些问题和步骤互为基础。遵循这种方法，可以减少过早地跳到任务清单的倾向。本章将简要概述这种方法，详细内容将在后续章节中介绍。我希望，你读完本书后，能掌握这种系统方法，并将这种系统方法应用到你自己的重要项目上。

如何开始

LFA最初是由一家名为实用概念公司（Practical Concepts Incorporated，PCI）的管理咨询公司开发的，用来帮助美国国际开发署（United States Agency for International Development，USAID）规划、执行和评估他们的成百上千个援外项目，这些项目遍布全球，耗资数十亿美元。

在PCI，我与LFA开发团队合作。之后，我指导来自亚洲、南美洲和中东地区的24个发展中国家的项目团队应用这种方法。后来，我转而为企业、非营利组织、国家研究实验室和政府机关服务。

一个简单的、交互式的矩阵结构

我们都熟悉用来规划项目的5W1H：谁（Who）、是什么（What）、为什么（Why）、哪里（Where）、何时（When）和如何（How）。图1-3所示的基本的逻辑框架矩阵将这些要素以可视化的方式整合到一张设计画布上。

应用这种紧凑的格式，可以通过1~3页纸概述和沟通一个复杂的项目。

目　标	成功衡量指标	核实方法	假设条件
目的 　　为什么?			
意图 　　为什么?			
成果 　　是什么?			
输入 　　如何? 谁?	何时?		

图 1-3　基本的逻辑框架矩阵

逻辑框架方法这个术语本身就涵盖了它的基本组件，如表1-1所示。

表 1-1　逻辑框架方法的基本组件

组　件	说　明
逻辑	使用一种被称为"如果－就"结构的底层常识性自然语言将各种项目要素连接在一起
框架	4×4交互式矩阵结构，其中每个单元格以易于沟通的、明确的、有组织的、环环相扣的方式记录项目信息
方法	汇聚了科学和管理的理念。这种灵活的设计方法由4个关键的战略问题驱动，能够激发你的思考，并产出一个与战略目标一致的整体计划

要想有效地设计项目，首先要解答以下4个战略问题，答案可以对应到逻辑框架矩阵中各个单元格：

1. 我们要实现的是什么?

2. 我们如何衡量成功?

3. 还必须存在哪些条件?

4. 我们如何才能取得成功?

对问题1的回答概述了第一列中项目的3个主要目标（目的、意图和成果）；对问题2的回答确定了中间两列中每个目标的成功衡量指标（Success Measures）和核实方法（Verifications）；对问题3的回答填补了最后一列中的假设条件（Assumptions）及风险因素；对问题4的回答概述为输入（Inputs）（任务和资源），对应了最下面一行的关键行动步骤。我们将在后面的章节中定义和介绍这些要素。

通过解答这些问题，并将得出的结论组织成矩阵，你就建立了战略的结构基础。但是，这不是一个填表练习。这4个问题可以指导项目团队的对话和分析活动，与此同时，矩阵能够以战略且科学的方式捕获你思维过程的结果。这种方法适用于所有规模和类型的项目。

通用工具

逻辑框架被称为"战略中的多刃瑞士军刀"，因为它具有很多有用的功能，如图1-4所示。

- 项目设计画布
- 项目论证工具
- 解决方案发现工具
- 实验设计工具
- 战略澄清工具
- 沟通工具
- 团队建设工具
- 责任澄清工具
- 基准参考工具
- 影响评估工具
- 过程改进工具
- 对齐工具

图 1-4 逻辑框架的功能

什么会触发对逻辑框架的需要？几乎任何难题、机会、事件或情况，包括：

- 一个新项目开始时，只知道最终目的，其他一无所知。
- 从战略计划或 SWOT 分析中提取的目标清单。
- 出现了一个难以应付的意外事件，使你不得不改变原先的计划。

- 出现了一个棘手的难题，需要一个深思熟虑的解决方案。
- 团队需要更清晰的焦点，更好地进行协调。
- 需要确定一个想法的可行性。
- 业务流程出错了，需要加以控制。
- 在窗口期结束之前，发现了可以开拓的机会。
- 遇到需要响应的变更。
- 发现了一个有前景的创意。
- 填补绩效差距。
- 验证一个需要验证的大胆想法。

逻辑框架的强大之处不在于它的矩阵格式本身，而在于它的结构及内在逻辑如何促使团队成员在制订解决方案时通盘考虑所有关键问题。

术语和格式的注意事项

有7个（英文）术语在逻辑框架环境使用时有其特定的含义，为了清楚起见，这些术语的首字母需要大写：Goal（目的）、Objectives（目标）、Purpose（意图）、Outcomes（成果）、Inputs（输入）、Success Measures（成功衡量指标）或Measures（衡量指标）及Assumptions（假设条件）。用作一般意义时，这些术语的首字母不需要大写。此外，当术语"Why、What、Where、When、Who和How"用来指逻辑框架矩阵中的特定部分时，首字母也要大写。Vision（愿景）这个词的首字母一直要大写。

用逻辑框架设计项目的核心是识别各个项目目标之间的因果关系。单词If（如果）和Then（就）需要大写，以强调这类关系。

在下文中，我将交替使用术语项目战略（Project Strategy）和项目设计（Project Design），以及项目（Projects）和战略举措（Strategic Initiatives）。

有人会问，本书书名中的"战略项目管理"（Strategic Project

Management）指的是管理最具战略意义的项目和特别的举措，还是指对任何项目采取战略性的方法。答案是两者兼有。最关键的项目毫无疑问需要战略性的方法，但即使最简单的项目也存在于更大的环境中，通过战略视角来看待它们，也可以使它们受益。

普遍应用

这种方法既不复杂，也不抽象。尽管它简单、直接，但是应用它确实需要付出努力。然而，一旦掌握了它的窍门，你就可以避免和减少一些令你头疼的事。

至此，我们已经简要地概述了逻辑框架方法。我们将在第4章对此进行深入的讨论。然后，在第5~8章中，我们将深入探讨前文提及的4个战略问题。这样，你就完整地理解了每位知识工作者和项目领导者的工具箱中的这个灵活而强大的工具。

但是在此之前，在第2~3章中，让我们先通过探讨逻辑框架最本质的基本原则——逻辑原则和语言原则，为下面的学习打好基础。我的目的是向你展示这个系统是如何发挥作用的，但更重要的是，让你了解它为什么能发挥作用。

☑ 要点回顾

1. 战略项目管理提供了一种更加灵活的思考、规划和行动方式。对于身处不确定时代的每个人，这都是必须具备的技能。

2. 初始规划是任何项目中最重要的部分（NASA准则第15条）。在决定如何完成项目之前，要弄清楚为什么需要这个项目。

3. 顺利进行初始规划的3个重要因素是：共同的语言、共同的过程和有组织的框架。

4. 逻辑框架通过弥合战略制定和执行之间的鸿沟，让你具备在几乎任何类型的项目中获得成功所需的竞争优势。

5. 将想法转变成设计良好且可执行的项目的能力，可以为你带来强大的竞争优势。本书将为你提供获得这些能力的钥匙。

☑ 接下来做什么

对于像你这样能战略性地思考，将想法转变成行动，有责任心和有能力的项目领导者，需求从未如此之高。在第2章，我们将介绍大多数其他项目设计方法缺少的设计原则。 我们将使用因果逻辑链制定一个项目战略，方法是"以终为始"，反向确定能够确保项目如期完成的每个步骤。

第 2 章
项目战略可视化

> 浅薄的人相信运气或境遇，坚强的人相信原因和结果。
>
> ——拉尔夫·沃尔多·爱默生

设想一下，你的工作是为组织中的一个重要项目创建和沟通其战略。你打算怎么做？

在本章中，我们将介绍两个简单的可视化工具。这两个工具是因果关系和目标树，它们在每个战略管理场景中都有价值。

我们首先探索因果关系，也称"原因与结果"，或者"如果–就（If-Then）"结构。因果关系是区别于大多数其他方法的"特殊调味汁"。

然后我们讨论目标树。目标树是一种可视化的、能够揭示与项目相关的底层逻辑链的方法。掌握该设计工具，可使你从战略角度设计项目。

遵循这些原则，将使你有能力沟通为何要做该项目，以及它将交付的结果。

让我们开始探索如何将目的和项目与愿景和战略相结合。

☑ 制定简单的战略

我在全球各地教授战略管理数十年。从这段经历中，我清楚地认识到，尽管许多书都谈到了使命、愿景、战略、目的、项目和目标，但它们并没有使用简单的方法将这些概念结合起来，以便从战略角度设计可执行的项目。

下面的讨论和我的项目设计方法遵循KISS原则：保持简单，施密特（原文是Keep It Simple，Schmidt。这是作者对Keep It Simple and Stupid的幽默表达——译者注）。事实上，该系统方法的优势在于能够以清晰、直观的方式阐释项目的复杂性。

战略的一个简单定义是你知道未来要去哪里（愿景），你计划如何到达那里（目的和项目），以及你在过程中做出的一连串决策（敏捷执行）。

从愿景开始

每个组织，从《财富》500强公司到小企业，到家庭，甚至到每个人，都对自身愿景有一定的认识。愿景声明表达了实体存在的原因，以及它认为完成其工作所必需的指导原则。我们可以将愿景视为最终的"北极星"目标，以及为资源如何分配提供最终决定因素和澄清说明。

目的是推动组织实现其愿景的因素。目的是对未来预期的陈述，需要一个或多个项目来实现，如图2-1所示。例如，一家公司要想成为领先供应商，必须实现诸如稳定的利润率和广泛的客户接受度等诸多目标。这些目标中的每个都需要横跨多个领域的项目和运营的贡献。

项目是有助于实现任何目的的有组织且有聚焦的努力。这就是逻辑框架的作用：帮助你在项目与其对目的的预期影响之间建立强有力的连接。

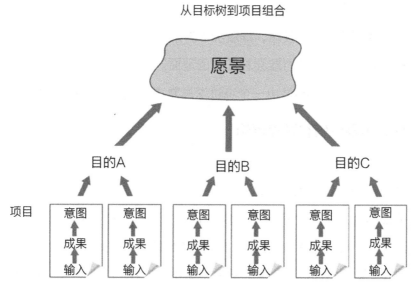

图 2-1　项目实现目的，目的支持愿景

注意图2-1中内建的简单逻辑关系。从图的底部开始向上看，我们可以假定：

- 如果把项目做好，我们就能实现某些目的。
- 如果实现了这些目的，我们就为愿景做出了贡献。

这种简单的"如果–就"连接的一个好处是，你可以构建从项目任务到愿景的逻辑路径。

这种因果关系或"如果–就"逻辑构成了一种假定（Hypothesis），一种关于实现目的需要做什么的"有根据的猜测"。在讨论了"如果–就"逻辑如何定义和澄清各种达成愿景的战略之后，让我们更深入地研究将其结合在一起的原则。

☑ 因果关系的力量

把球抛向空中，作用在球上的重力最终会把它带回地面。向上的投掷力是产生球上升结果的原因，向下的重力是产生球返回地面结果的原因。使用"如果-就"术语表示：

- 如果你垂直向上投球，球就会上升。
- 如果球上升，重力就会将其带回地面。

每个目的的实现都是由一个经过深思熟虑的因果逻辑链导致的。

区分因果逻辑和顺序逻辑

逻辑框架矩阵中，连接4个层次目标的因果逻辑不同于网络图、流程图、甘特图和计算机编程中常用的顺序逻辑。

关键的区别在于：在顺序逻辑中，A在时间上先于B，并定义了通向它的路径。它描述了A必须在B之前发生的情况。注意，A不会导致B，它只是在B前面。然而，在因果逻辑中，A不仅在B之前，而且A导致B发生（或至少促成它发生）。这看起来好像没什么区别，但它对理解如何从战略角度思考项目至关重要。

在因果逻辑中，仅仅第一个事件先于第二个事件发生是不够的，第一个事件必须是第二个事件所需要的，并且对第二个事件有帮助。就如公鸡在黎明前啼叫，但公鸡的啼叫不会使太阳升起。

战略的本质——如何到达你想去的地方——可直接嵌入因果关系的语言。当围绕深思熟虑的因果顺序设计项目时，你取得预期成果的概率就增加了。如果不能勾勒出这些联系，你的战略就可能是空中楼阁。无法描述的目标是很难实现的。

继续阅读本书，你将了解如何应用这个简单原则，这有助于一开始就为你的项目打下一个强有力的结构基础。

戴上科学家的帽子

也许你看过电影《梦幻之地》（*Field of Dreams*），凯文·科斯特纳扮演的主角在美国艾奥瓦州的玉米地中间建造棒球场。一天晚上，在玉米地里，他听到一个神秘的声音："如果你建造了它，他们[就]会来。"

这是他的简单的两级假定，带有很大的不确定性。

以科学家的方式处理你的项目，就像精心设计一个实验。你通过确定一组假定来设计项目实验，你相信这些假定会起作用，但是需要测试一下。也就是说，你认为"A"将产生目标"B"，而"B"将产生目标"C"，以此类推。你的信念来自你的生活经历、知识、数据和最佳判断。你在实施过程中得到的结果将决定假定的有效性。

你不必成为一名科学家，就可以以一种战略性、科学性和智慧性的方式设计项目。你可能得不到诺贝尔奖，但项目结果的质量将无愧于金牌。现在，让我们进一步探讨因果逻辑，并展示如何将其应用到工作中。

构造简单的逻辑链

图2-2是根据"如果-就"原则链接的单目标链示例。向上的箭头显示从底部垂直向上的逻辑关系。你还可以自上而下阅读它，以查看依赖关系；每个目标都依赖它下面的目标。我们称之为双向思维。

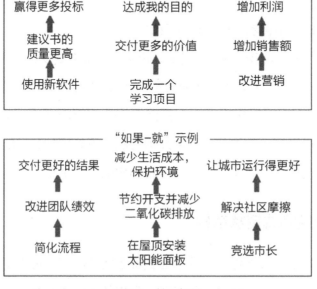

图2-2 单目标链

层级结构中更高层级的目标往往更广泛、更一般，易受其他因素的影响，而不仅仅是当前项目的影响。较低层级的目标则往往更具体。

自上而下设计，自下而上交付

通常，在设计项目时，我们对项目目的有一定的认识，然后确定较低层级的目标，一直到最终任务。设计完成后，我们可以通过自下而上的反思，在思想上测试实施计划的合理性，问自己："这个目标是否有助于实现下一个最高目标？"如果逻辑不成立，我们必须重新思考。

考虑图2-2右上角的例子。从增加利润的目标开始，问自己："实现这个目标需要什么？"一种方法是增加销售额。反过来，如果我们改进营销，这也会发生。

这一点很重要：任何项目假定都可以用一组逻辑的"如果-就"链接来概括。我们使用自上而下的因果逻辑生成项目设计，从顶部的目标开始，然后向后（向下）分解，以确定实现该目标所需的内容。然后，我们可以通过自下而上阅读来检查该逻辑，其中序列表示为：

- 如果改进营销，就将增加销售额。
- 如果增加销售额，就将增加利润。

当自下往上阅读我们的逻辑链时，请注意，链中缺少了一些东西。只有在其他因素（如管理费用）不变的情况下增加销售额，才能实现增加利润。在第3章中，我们将扩展逻辑链以包括假设条件，但现在暂时不考虑这点。

我们还注意到，改进营销以增加销售额并不是增加利润的唯一途径，还有减少开支或提高效率等。这就是目标树的用武之地。

☑ 把目标绘制成树状结构

目标树显示了实现任何目的的潜在备选路径。它们将链接目标的单链扩展为不同分支，这些分支显示了可以考虑和比较的多个选项。

可视化目标树的最简单方法是使用倒置的树形图，如图2-3所示。在本例中，我们通过考虑和比较3个潜在支持目标B1、B2和B3，寻找实现目标A的方法。

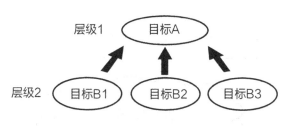

图 2-3 通用的目标树结构

我们可以通过剔除不太理想的树枝来"修剪树木"，只留下我们需要的那些树枝（一根或多根）。在图2-3中，我们可以在分析后确定，实现层级1的目标A需要层级2的目标B1和目标B3，但目标B2不是。然后，我们为目标B1和目标B3制订逻辑框架项目计划。我们可以通过添加成功衡量指标来更精确地分析哪些分支产生的果实最多，这是我们将在第6章探讨的主题。

关于目标树，有几点需要注意：

- 当你制定战略时，它会阐明可能的备选方案，并帮助你选择最佳路径。
- 目标树可以向下扩展到多个层次，以便分析和选择最佳战略要素的组合。
- 通过为每个目标添加成功衡量指标，我们可以更好地评估选项。
- 目标树是有用的，但它是不完整和不完善的因果关系陈述。通过确定使逻辑有效的假设条件，它将变得更加有效。

☑ 阐明多个解决方案路径

使用目标树来阐明解决方案路径时，有多种方法可以选择。考虑下面的例子。

示例：增加利润

考虑图2-4中的目标树。最高目标是增加利润。自上而下阅读，你可以确定两种可能的逻辑路径，以实现该目标。

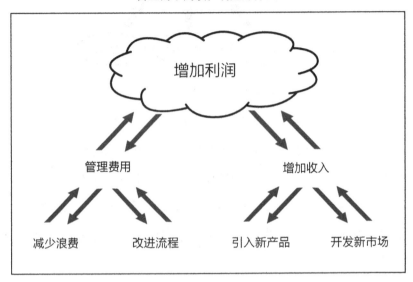

图 2-4　增加利润的目标树

在大多数情况下，最好的战略不是非此即彼的选择，而是多种选择的组合。绘制目标树的方法有很多，本书展示了几种不同的方法。

这些简单的图表为更深入的分析提供了一个起点。视觉形象能激发创造性思维，帮助你确定最佳方法。对于更大的问题，你甚至可能发现目标树包含几个潜在的项目，其中一些可能需要拆分，如图2-5所示。你对战略贡献、资源、可行性和优先事项的分析将影响现在推进的项目及今后考虑的项目。

示例：解决客户支持问题

X公司是一家小型但发展迅速的软件公司，在细分市场上满足了一种重要的需求。他们的产品很好，但很复杂。因此，许多客户需要帮助。

客户支持部门人手不足，员工忙得不可开交，客户对漫长的等待时间和需要多次回电话感到不满。

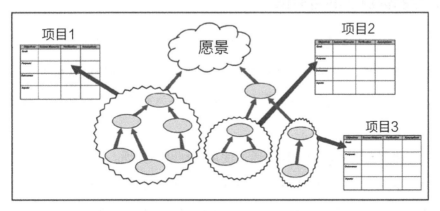

图 2-5　目标树识别项目可行性

客户支持团队制定了解决问题的策略，并草拟了一些提升客户满意度和忠诚度的可能方法。他们考虑了3种不同的方法，如图2-6层级3所示。

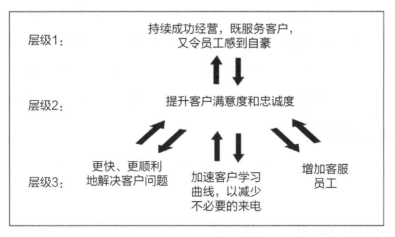

图 2-6　提升客户满意度的替代树

由于资源有限，他们无法同时做到这3点。因此，他们根据实施成本、所需时间和对客户满意度的可能影响3个标准对每种方法进行评估。根据这些标准，他们能够迅速排除增加客服员工的方法，并选择实施其余两种方法。

我们将在第6章回到这个例子，并以此为起点构建一个项目计划。

☑ 绘制你自己的目标树

你并不总是需要目标树。如果你的项目相当简单、清晰且独立，你可以跳过这一步，直接进入逻辑框架。但是，如果你的项目规模大、很复杂，或者嵌入更大的环境，则绘制目标树将为制定战略的其他方法提供更好的可视性。

这种创造性的设计过程可通过使用便利贴来实现。在便利贴上写下可能的任务和目标，你可以将它们粘贴到白板上并四处移动，查看一个想法如何导致另一个想法，并画出连接线。瞧，战略地图就这么生成了！远程团队可以通过使用合适的在线协作工具来实现这一点。

生成目标的初始清单

头脑风暴出尽可能多的潜在目标，而不要尝试去分析或构建它们（在第3章中，我们将探讨更多关于目标的内容）。现在，请确保每个目标都以动词开头，然后是1~4个词语的描述。如果你已经编写了文档，请从它们开始。在创建目标树之前，你也可以先从思维导图开始，获得很多想法。

确定顶层目标

确定与所有其他目标相关的顶层目标。有时，这个顶层目标是已经明确的，但有时你必须总结它。

将目标树向下扩展一个层级

从初始清单中选择下一个层级的目标，或者通过询问"我们如何实现更高层级的目标"来生成目标，画线将更低层级的目标与其支持的目标连接起来。

在使用白板时，你可能想知道给定的目标是否有用。你可以自问，它是否真的必需。当审查下一个层级时，你可以问："为什么这个项目需要这个任务/步骤/资源？"看看上面的层级，这个问题应该能够回答。

继续将目标树扩展到底层

继续自上而下地分析，询问以下问题："如何实现该目标？""实现更高层级的目标需要哪些较低层级或有帮助的目标？"继续此过程，直到达到可以开始详述实际任务和资源的级别。

审查并完善逻辑

你可能发现某些目标模糊或不完整。如果是，请澄清或重申它们。如果层级之间的"跳跃"太大，请添加中间目标。头脑风暴清单上的所有内容并非都符合逻辑。当你审查的时候，其他目标会浮现出来，直到你真正努力思考其中的联系，这些目标才变得明显。

测试逻辑

当目标树基本绘制完成时，就该通过使用"如果–就"构造来验证已确定的层级之间的因果关系来测试逻辑了。

绘制目标树并不是一项琐碎或多余的工作。尽管看起来很基础，但它可以迫使你从多个角度思考问题及可能的解决方案。从这一战略角度考虑项目，可以让你确定替代方案，并发现战略中的缺陷或差距。

像这样的可视化工具的真正贡献是指导对话和澄清选项。它们不一定要完美才有用。

我见证了许多项目团队绘制目标树。当发现实现解决方案的新途径时，他们都变得充满活力和热情。

我鼓励首席执行官、部门主管和项目规划者在启动高层级或复杂的战略和项目时使用目标树。这样做将向其他人展示它如何适应大型计划。更大的好处是，与项目负责人和团队合作。这将触发言之有物和信息充分的讨论，促使项目符合战略意图。

☑ 要点回顾

1. 逻辑框架方法的独特视角是，每个项目都基于"如果–就"因果逻辑链。

2. 每个因果关系都是一个不确定的假定（或有根据的猜测）。精心设计的因果顺序可以降低风险，增加项目实现预期目标的概率。

3. 理解因果顺序与简单顺序之间的差异。在这两种情况下，X先于Y，但只有在因果逻辑中，X才会导致或促成Y。因果逻辑是4个层次目标的整合。

4. 学会双向思考。从顶部开始，列出你最大的"为什么"目标，然后向下展开，在每步回答你将如何实现上层的目标。完成后，设计逻辑以确定以下内容：为什么要实现每个目标，以及项目将如何执行。

5. 从目的开始自上而下设计项目，但从项目输入（任务和资源）开始自下而上交付项目。

6. 双向思考的能力是一种战略超级力量，这种能力工具应放在每个项目领导者的工具箱里。

7. 在巩固项目战略之前，绘制目标树以帮助比较备选方案，并确定最佳方案。

☑ 接下来做什么

想象一下，你正在向高层领导介绍下一个项目的战略。你注意到他们的眼神慢慢变得呆滞，还有一两位领导靠在椅子上看起了手机。那时你意识到，有一个你没有预料到的沟通障碍出现了。

为了沟通新的概念，必须有一种共同的语言和术语，让参与项目的每个人都能清楚了解。第3章将介绍共同的语言和术语，你可以使用这些术语向其他人解释项目和战略。你将了解如何将所有类型的结果和意向分组为4个层级或类型，以及这4个层级或类型如何构成任何项目的战略支柱。

第 3 章
说共同的语言

> 缺乏计划导致的最好结果是完全出乎意料的失败，而不是在失败真正来临之前一段时间的担忧和沮丧。
>
> ——佚名

协作的项目设计包括制定一个关于未来状态的共同愿景，并制订一个明确的计划来实现它。这看起来很基础，以至于许多项目团队起初认为他们一致朝着共同目标前进，直到问题出现时，才发现并非如此。

本章将介绍如何对众所周知的"SMART"目的进行改进，以及一份实用的动词清单，以使你的项目设计顺利进行。然后我们将讨论"切块"的概念，即巧妙地将一个项目分成可管理的部分。你将看到每个项目是如何使用4个层级或类型的关联目标来设计的。

☑ 清晰沟通

如果你曾经去过一个国家，你不会说当地的语言，而当地人也不会说你的语言，你就知道问题所在了。重复说话是无济于事的，你再大声地说，他们还是听不懂。尽管双方都渴望沟通，但你们就是无法交流。其结果是你可能选择了错误的方向、走进了错误的酒店，或者更糟糕的情况！

项目团队，尤其新成立的跨职能团队，面临着类似的挑战。有效的沟通需要共享的词汇表，这样来自不同技术和文化背景的人就可以相互理解并一起工作。共享的词汇表应该基于有意义的管理概念和明确的定义。

为SMART目的添加语言清晰度

你应该听说过SMART目的，甚至可能使用过它。这些字母分别代表具体的（Specific）、可衡量的（Measurable）、可实现的（Achievable）、相关的（Relevant）和有时限的（Time-bound）。自乔治·多兰在1981年的《管理评论》（*Management Review*）中介绍SMART目的以来，它就一直随处可见。

逻辑框架为SMART框架添加了额外的说明：

- 所有可能的目标都可以被组织成4种类型或层级。
- 每种类型的目标在项目中有不同的功能。
- 4种类型的目标之间，正如在第2章中讨论过的那样，存在一个"如果－就"的逻辑关系。
- 术语"目的"和"目标"相互关联，但又有所不同。

许多人会交替使用"目的"和"目标"这两个术语，但这就好比说"法国贵宾犬"和"狗"表达的是同一件事。让我来解释一下。

谁把狗放出来了

你也是爱狗人士吗？可能你的毛茸茸的朋友是一只西施犬、一只德国牧羊犬、一只被世界犬类组织确认的340个其他品种之一的狗，或者仅仅是一只可爱的杂交狗。不管怎样，它仍然是一只狗，是一种类别的动物。每个品种都是该类别中的一个特定类型。

同样，管理中使用的词汇，如愿景（Vision）、结果（Result）、意图（Purpose）、意向（Intent）、成果（Outcome）、输出（Output）、可交付物（Deliverable）、任务（Tasks）、活动（Activities）、目标（Objective）和目的（Goal）等，都是一个类别的相似概念，它们之间的区别很小。正如金毛猎犬是狗的一种，目的就是目标的一种。我们将目标定义为"项目的预期结果"。

在逻辑框架中，需要关注4个层级的目标，我们将其标记为目的、意图、成果和输入。其他人可能使用不同的标签，但重要的是标签背后的概念。

☑ 设定明确的目标

传奇美式橄榄球教练文斯·隆巴迪会在每个赛季的训练营开始时，对他那些技术高超、薪水不菲的球员们说："先生们，这是一个橄榄球。"所以，让我们也从最基本的概念——什么是目标开始。图3-1的每个陈述都构成了一个表达适当的目标（或期望的结果）。你能找出每个陈述的共同点吗？

清晰的目标公式

图3-1中目标的共同特征是以精心选择的实义动词开头，后面跟着一个宾语（也称描述性宾语）。如果愿意，你可以在每个目标前加上"为了"（to）这个词。

有一个简单的公式，可用于陈述一个明确的目标。用精心挑选的实义动词和宾语构建一个句子或描述性短语。宾语描述的是被改变的东西或所起的作用，而动词描述的是影响变化的动作。

> **清晰的目标＝实义动词＋宾语**

• 缩短生产周期	• 改善服务交付
• 提高网络安全性	• 升级系统
• 改进库存系统	• 传递客户价值
• 修复组件 X	• 简化内部流程
• 组织一个焦点小组	• 销售更多产品
• 减少员工离职	• 提高品牌知名度
• 创造更多收入	• 管理整个部门

图 3-1　陈述的目标

虽然上面列出的每个目标都很直截了当，但它们并没有指出每个目标与项目中其他目标的关系。不过我们可以通过使用某些连接词，将这些单一目标扩展为有意义的多目标链，如图3-2所示。

• 为了	• 由于	• 目的在于
• 从而	• 以便	• 那将
• 通过	• 因为	• 然后

图 3-2　连接词示例

注意下面以不同字体显示的连接词，考虑它们是如何在逻辑上将单个目标连接到一个多层级假定的。

- 缩短生产周期，**为了**更快地推出产品，**以便**增加市场份额。

- 组织一个焦点小组来讨论产品创意，**那将**提供必要信息，**从而**让我们决定是否生产产品。

- 在 4 个非洲国家重新安置 130 头长颈鹿，**以便**我们可以帮助重建 2.4 万平方公里长颈鹿的栖息地，**从而**为拯救野生长颈鹿做出贡献。

- 简化内部流程，**以便**让员工更好地了解它们，**目的在于**提高操作效率。

- 由独立的实验室对我们购买的关键部件进行测试，**以便**降低昂贵设备过早失效的风险，**从而**保护我们的财产。

沟通项目设计的3种方法

为了找出并沟通项目设计背后的逻辑，有以下3种方法。

第一，可以使用连接词。例如：我们希望缩短项目周期，以便更快地推出产品，从而增加市场份额。

第二，你可以应用"如果–就"结构。

- 如果缩短生产周期，就能更快地推出产品。
- 如果更快地推出产品，就能增加市场份额。

第三，你可以将相关的目标堆叠成一个垂直的层级结构。逻辑框架矩阵包含了这种可视格式，如图3-3所示。

```
        增加市场份额
           ↑
        更快地推出产品
           ↑
        缩短生产周期
```

图 3-3　垂直的层级结构

这3种不同语言模式中的每种都很有价值，在项目设计过程中，都可以用来细化和交流你的项目假定。现在，让我们考虑选择更多动词，以便最好地表达项目意向。

☑ 使用文字和图表沟通

项目设计是一个发现的过程。当项目开始时，对如何最好地陈述每个目标保持开放的心态。一开始，目标自然是模糊和粗糙的，虽然有一个大体上的意向或方向，但没有真正的清晰性或具体性。它们需要细化。

选择正确的动词

如图3-4所示，为拓宽词汇的选择面，我编辑了一份包括超过150个实义动词的清单，这些动词是我从许多战略和项目计划中选出来的。你可以选择那些"感觉对"的动词。最好的措辞通常在两三次迭代之后才出现。

• 促进	• 指导	• 发明	• 解决
• 完成	• 发现	• 调查	• 负责
• 实现	• 安排	• 领导	• 颠倒
• 激活	• 解除	• 发动	• 审查
• 管理	• 记录	• 连接	• 修正
• 放大	• 教育	• 维护	• 复活
• 分析	• 提升	• 管理	• 改革
• 应用	• 消除	• 促销	• 推行
• 组合	• 估计	• 最大化	• 使满足
• 评估	• 提高	• 合并	• 节省
• 协助	• 享受	• 最小化	• 排进度
• 获得	• 扩大	• 修改	• 搜索
• 开始	• 澄清	• 消灭	• 选择
• 建造	• 力争	• 获得	• 销售
• 阐明	• 保证	• 操作	• 简化
• 改变	• 预想	• 优化	• 减慢
• 商业化	• 删除	• 组织	• 处理
• 比较	• 建立	• 概述	• 加速
• 做完	• 评价	• 说服	• 剥离
• 计算	• 考核	• 计划	• 使稳定
• 进行	• 执行	• 预计	• 停止
• 巩固	• 扩展	• 准备	• 流线化
• 构建	• 解释	• 阻止	• 加强
• 转换	• 探索	• 产生	• 构造
• 争取	• 编造	• 规划	• 提交
• 协调	• 引导	• 设计	• 支持
• 创造	• 取得	• 推广	• 调研
• 决定	• 失败	• 证明	• 综合
• 降低	• 贯彻	• 提供	• 系统化
• 推断	• 改进	• 宣传	• 教授
• 定义	• 即兴创作	• 使具资格	• 测试
• 交付	• 包含	• 量化	• 培训
• 分解	• 增加	• 推荐	• 使变形
• 设计	• 启动	• 减少	• 理解
• 毁坏	• 安装	• 重构	• 更新
• 查明	• 任命	• 治疗	• 升级
• 确定	• 制度化	• 报告	• 利用
• 开发	• 整合	• 改组	• 验证
• 诊断	• 介绍	• 研究	• 核实

图 3-4　施密特战略管理动词清单

尝试在每个目标的开始——尤其在意图层面——使用稍微不同的动词（如改进、升级、加强和发展），看看哪个最能引起共鸣。继续挖掘，你会经历一个"啊哈"时刻，完美的词语出现了。一个准确的意图是很有意义的、积极激励的、可以实现的。

能够用文字或图表的形式来设计和表达你的想法是非常有价值的。让我们看看如何完成形式的转化。

将目标树转化为叙述文本

前面我们讨论了如何将单个目标链转化为叙述文本，反之亦然。现在我们来看看如何将目标树转化为叙述文本。

勾勒出如图3-5所示的目标树，开启你的创造性设计过程。将主要部分及其相互关系形象化，然后用简单的词语来表达。

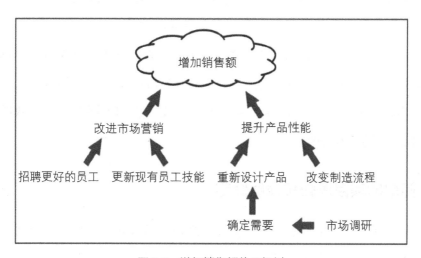

图 3-5 增加销售额的目标树

你可以从白板创意的练习开始，在便利贴上写下目标，然后移动它们，直到设计成形。随后你可以用常规的语言记录设计。

使用连接词，将目标树转化为文本文档中使用的叙述形式。在书面形式下，图3-5中的目标树变成：

> 我们将通过改进市场营销及提升产品性能来增加销售额。要做到这两点，我们必须招聘更好的员工，并更新现有员工技能。市场调研是必要的，以确定什么是客户真正需要的，以及交付可能需要重新设计的产品及改变制造流程。

从目标树"翻译"到叙述文本（反之亦然）的能力，使我们能够同时利用大脑的语言和视觉处理能力，理解和交流战略。

将叙述文本转化为目标树

你也可以进行反向转化，将叙述文本转化为目标树。可以从现有的文档开始，如商业论证、项目章程、工作范围、管理备忘录，甚至某次对话。

检查文档，搜索动词，并用荧光笔标记每个能找到的目标；此外，寻找表明因果关系的关键短语和连接词，这样你就可以构建自己的目标树。它们可能是有缺失的，但是一定会有暗示。

将所有初始目标视为可改变的，而不是一成不变的。如果你认为这样做有益，请不要犹豫地提出建议，去做一些与最初的要求稍微不同的事情。当你深入研究问题，并注意到所需的或可能的内容存在不一致的情况时，一定要说出来。

☑ 简单的项目逻辑和战略假定

每个项目战略都可以用4个层级的逻辑目标来表达：目的、意图、成果和输入。它们之间有明显的差异，如图3-6所示。

诚然，用来定义每个层级的词语似乎是随意选择的，但每个词语的含义绝对不是随意的。每个目标都有其特定而精确的含义。

简单的战略假定的通用格式

前面我们已经展示了几个因果逻辑目标的例子，这是项目设计的一般格式。每个项目战略都可以用这个简单的假定进行总结，自下而上阅读：

- 如果管理"输入"，就能产生"成果"。
- 如果产生"成果"，就能实现"意图"。
- 如果实现"意图"，就能实现有价值的"目的"。

或者更简洁地表达：

- 如果"输入"，就将"成果"。
- 如果"成果"，就将"意图"。
- 如果"意图"，就将"目的"。

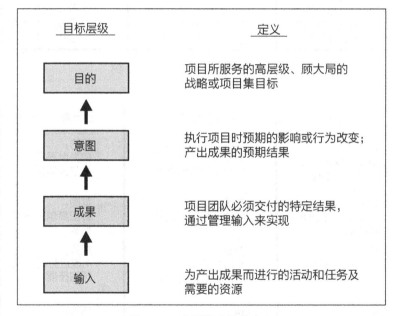

图 3-6　4 个层级目标的定义

可以把这些不同的目标想象成梯子上的梯级。层级之间的逻辑不是随机的或偶然的，因为每个层级在因果链中形成了一个连接。这种因果逻辑允许项目设计采用一种有规范的方法。

图3-7展示了几个商业项目示例，用来说明这4个层级如何概述战略假

定。图3-8展示了几个个人项目示例。

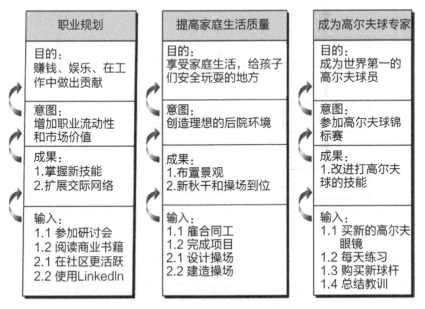

持续改进	灾难恢复	客户服务
目的： 改进产品性能	目的： 保证公司能顺利运营，即使遇到未预见的灾难	目的： 提供更好的客户服务
意图： 实现新流程	意图： 从灾难中迅速恢复	意图： 员工使用新程序
成果： 1.识别瓶颈 2.设计新流程	成果： 1.紧急电源系统到位 2.实时备份数据	成果： 1.开发新程序 2.培训员工使用新程序
输入： 1.1 识别瓶颈 1.2 分析根本原因 2.1 识别最佳实践 2.2 设计新流程	输入： 1.1 安装系统 1.2 测试系统 2.1 识别关键数据 2.2 实时备份数据	输入： 1.1 创建工作小组 1.2 开发程序 2.1 开发培训课程 2.2 培训员工

图 3-7　战略假定——商业项目示例

职业规划	提高家庭生活质量	成为高尔夫球专家
目的： 赚钱、娱乐、在工作中做出贡献	目的： 享受家庭生活，给孩子们安全玩耍的地方	目的： 成为世界第一的高尔夫球员
意图： 增加职业流动性和市场价值	意图： 创造理想的后院环境	意图： 参加高尔夫球锦标赛
成果： 1.掌握新技能 2.扩展交际网络	成果： 1.布置景观 2.新秋千和操场到位	成果： 1.改进打高尔夫球的技能
输入： 1.1 参加研讨会 1.2 阅读商业书籍 2.1 在社区更活跃 2.2 使用LinkedIn	输入： 1.1 雇合同工 1.2 完成项目 2.1 设计操场 2.2 建造操场	输入： 1.1 买新的高尔夫眼镜 1.2 每天练习 1.3 购买新球杆 1.4 总结教训

图 3-8　战略假定——个人项目示例

逻辑框架是一个概述文档。确定你的目标陈述简短且易记。使用"成功衡量指标"一栏来对它们进行扩展说明。

词语很重要。在使用项目术语的明确定义时要保持一致，以减少歧义。某件事被标记为目的、意图或成果，并不意味着它本身就是目的、意图或成果。

看看我在一份战略计划中发现的这句话："这个项目的目的是制订一个安全培训计划。"这应该是不正确的。根据我们的定义，这样一个项目的目的是"减少事故"或"提高安全性"。制订安全培训计划只是一个成果，因为它是项目团队可以实现的事情。"制订一个安全培训计划"可能是项目名称，但肯定不是目的。将其称为目的的问题在于，目的通常被理解为最高层级的目标。如果将其称为目的，付出努力的根本原因就消失了。

通过聚焦于真正的目的，团队可以更容易地制订解决方案。

☑ 项目如何交付收益

执行项目的唯一原因是为组织、客户和/或社区产生可衡量的收益。这些收益可能是获得满意的客户、更好的经济回报、高绩效的文化，或其他各种期望的好处。项目要创建什么内容和为实现目的所做的工作之间有明显的区别。获得收益和交付价值是在意图和目的层级上发生的，但工作是在输入和成果层级上发生的，如图3-9所示。

我们需要认识到成果和意图之间的重要区别。成果是项目团队可以控制、实现并对交付负责的可交付物。意图是可交付物的预期影响，是项目团队不能直接控制的目标点。相比之下，意图的实现比成果更难确定。

项目领导者的工作是交付实现意图所需的一系列成果。这需要清楚地定义意图，以及标志项目成功的预期条件集（成功衡量指标）。我们将在第5章进一步讨论。

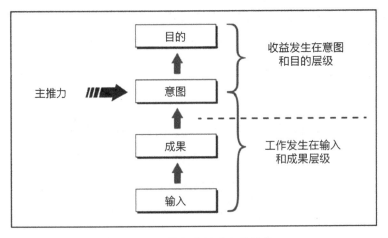

图 3-9　工作与收益发生的层级

将你的项目"切块"

"切块"（Chunk）是指把大的事情（问题、战略、目的）分解成更小的、更容易理解的"切块"（如阶段、组件、类别和方面等）。"切块"这个词既是动词，又是名词。动词表达思维过程，而名词描述其结果类别。

当你第一次考虑项目阶段时，项目切块就开始了。大多数大型、复杂或长期的项目由连续或重叠的阶段组成，这些阶段将项目分解为可管理的组件。当然，较小的项目也有阶段切块。

许多类型的项目都有标准的阶段名称，但是如果你的项目类型没有标准阶段，就创建你自己的阶段名称。对于一个模糊的项目，第一阶段可能是"问题定义"。可以在你的项目中采用最合理的切块准则。

最常见的一级切块逻辑是按阶段分块，然后每个阶段都有二级切块逻辑。当你考虑逻辑框架计划是覆盖整个项目，还是覆盖某个部分或阶段时，就需要首先决定项目切块。

☑ 把问题转化成目标

每个项目都为了解决问题、改善状况或抓住机会。在开发解决方案之前，要清楚你需解决的问题，以及你将使用的解决方案的方法论。

可以采用那些被广泛接受的问题分析方法论，如鱼骨分析法、5W分析法、基本的全面质量管理工具和价值流程图。

无论使用哪种方法论，都要确保在早期的问题识别和分析中投入时间，将注意力集中在想要解决的问题上。正确的问题解决得不够好，胜于把错误的问题解决好。正如彼得·德鲁克提醒我们的那样："高效率地完成不应该做的事情，显然是毫无意义的。"

问题只不过是一个伪装的项目。挖掘根本原因和需要解决的真正问题。通过询问以下问题与干系人进行协商：

- 你认为最根本的问题是什么？
- 为什么这是一个问题？
- 是什么让它成了一个问题？对谁来说是问题？
- 谁"拥有"这个问题？解决方案是什么？
- 问题的根本原因是什么？
- 忽视这个问题将有什么后果？
- 我们如何知道已经解决了问题？

花些时间仔细诊断问题，因为你定义项目的方式将决定解决方案选项的范围和幅度。

识别需要解决的问题

罗素·阿科夫，一位富有传奇色彩的系统思想家，曾经讲过一个经典故事，证明了这样一个观点：除非聚焦于正确的问题，否则你就有可能解决错误的问题。让我分享这个经典的故事，说明这种情况是如何发生的。

美国芝加哥市一栋20层的老旧办公楼里，所剩无几的商业租户抱怨大厅电梯等待的时间太久了。办公楼的主人玛丽亚开始担心这些商业租户会搬到别的地方去，于是聘请了一位咨询工程师来解决电梯速度慢的问题。电梯太旧了，不适合升级，所以咨询工程师建议她更换电梯。面对 30 万美元的费用，玛利亚不由得倒吸一口冷气。她担心通过提高租金来弥补电梯更换成本的话，将失去一些租户。

幸运的是，玛丽亚得到了第二个选项：一位富有创意的顾问提出建议，真正的问题是"租户在等待时感到无聊"，而非"电梯太慢了"。他推荐的解决办法是：提供娱乐以分散租户的注意力，这样大家就不会介意长时间的等待了。

玛丽亚按照他的建议重新装修了大厅，配备了调到喜剧频道的电视机，并在电梯旁安装了镜子，以便人们在等待时可以整理自己的仪容。这个"充满活力的大厅"解决了问题，只花了 3 万美元，是更换电梯方案成本的 10%。商业租户很满意，玛利亚也很高兴。这种戏剧性的节省，源于花时间寻找正确的目标来解决，而不是简单采用某个方案。

表 3-1 显示了两种解决方案，说明达到相同目的的两种不同策略。

表 3-1　实现目的的两个备选方案

方案 1 目标	方案 2 目标
目的：保证租户开心	目的：保证租户开心
意图：减少等待时间	意图：避免租户在等待时感到无聊
成果：更换电梯	成果：重新装修大厅
输入：更换电梯，花费 30 万美元	输入：安装电视及镜子，花费 3 万美元

争取大家都能参与进来，并从多个角度定义核心问题和潜在目标。记住：对正确问题的部分解决，胜于对错误问题的完全解决。

☑ 要点回顾

1. 共同语言可以使背景不同的人更好地交流，并为项目设计做出贡献。对项目设计目标的真正共同理解，将减少以后的返工。

2. 遵循这个基本的语言公式：一个精心选择的动词，后面跟着对目标的简要描述。这样能得到清晰而结构适当的目标定义。

3. 参考施密特战略管理动词清单，捕捉那些恰到好处、准确无误、能与你的真实意图产生共鸣的词语。

4. 目标的4个层级构成了任何项目计划的基础：输入、成果、意图和目的。每种都有不同但明确的含义。

5. 一般来说，项目团队管理输入以产生成果，成果实现意图，意图又为目的做出贡献。工作是在输入和成果层级上完成的，但收益发生在意图和目的层级。

6. 在决定解决方案之前，首先清楚你要解决的问题是什么。

7. 从指挥系统中得到的目标并不总是经过深思熟虑的。不要把它们当作刻在石头上的金科玉律。就你发现的问题提出替代方案。

☑ 接下来做什么

现在，我们通过介绍基本的逻辑和语言概念，为后续内容搭建了舞台。第4章将深入研究如何使用本书的主要工具——逻辑框架，在单个页面上列出项目的"谁""是什么""为什么""何时"和"如何"。我们将介绍4个必须按顺序回答的关键战略问题，以避免项目掉入陷阱。我们将看到为什么逻辑框架被称为战略思维的"瑞士军刀"，因为它可以适应多种情况。我们还将介绍如何将假设条件添加到逻辑中，以巩固项目战略。

第 4 章
探索逻辑框架方法

> 不要做小计划，它们没有激荡热血的魔力，而且可能永远不会实现。做大计划则不同；无论是期望还是工作，都志存高远。要知道，一份宏伟而符合逻辑的蓝图，一旦被记录下来，将永不消逝。
>
> ——丹尼尔·H. 伯纳姆，美国建筑师和城市规划师

现在你已学习了逻辑和语言的基本概念，让我们使用它们吧。本章将探讨如何使用逻辑框架矩阵和4个关键战略问题来制订解决方案。你将发现逻辑框架是如何作为高级设计工具，与可能已经使用的各种项目管理工具同步的。

一个经过详细考虑的逻辑框架可以在1页纸上描述一个简单的项目战略，在3页纸上描述一个更复杂的项目战略。对于中小型项目，它可能是你需要的唯一工具。对于较大的项目，它为应用其他项目工具和分析技术提供了一个明智的起点。

当你看到短语"制定一个逻辑框架"时，它的意思是在设计项目时应

该系统、彻底。逻辑框架仅仅是帮助你实现这一点的工具。

本章的案例研究着眼于一个深陷困境的组织是如何扭转乾坤的。

☑ 为领导者配备实用工具

我清晰地记得，我第一次来到孟加拉国达卡市时感觉到的灰尘、气味、混乱和困惑。从我居住的富裕的美国华盛顿特区，来到地球上最贫穷的国家之一，是一种多么强烈的文化冲击啊！

孟加拉国的主要产业是农业。数百万名农民在一小块土地上尽其所能地种植粮食，但他们的方法很低效，粮食产量不足以养活快速增长的人口。

我的客户是孟加拉国计划委员会，他们负责设计增加农产品产量的计划，以减少营养不良和饥饿。他们有责任感和承诺，但缺乏必要的规划技能和工具。我的工作是对他们进行培训。在出发之前，我将这次咨询工作的逻辑概述如下：

- 如果我创建并交付一个高质量的培训课程，计划委员会的员工就可以得到培训。
- 如果员工得到了培训，就可以利用培训成果设计有效的计划。
- 如果他们设计出有效的计划，农民就可以种出更多的粮食。

应用逻辑框架的定义，逻辑转化为图4-1。

```
目的＝农民种出更多粮食
         ↑
意图＝员工使用新技能设计有效的计划
         ↑
成果＝计划委员会的员工得到了项目／计划设计的培训
         ↑
输入＝创建并交付一个高质量的培训课程
```

图 4-1 第一次逻辑转化

我提供结果的能力仅限于培训计划委员会的员工（成果）。此外，受训人员将使用他们所学到的新技能（意图），实现种出更多粮食的目的。

在抵达孟加拉国并了解计划委员会的员工后，我们明确了他们开展工作的战略：

- 如果我们开发培训农民的计划，他们就将采用更好的耕种方法。
- 如果采用更好的耕种方法，他们就将种出更多的粮食。
- 如果他们种出更多的粮食，就可以养活人们，避免饥饿。

在逻辑框架中，这4个目标如图4-2所示。

```
┌─────────────────────────────────────┐
│ 目的 = 养活人们，避免饥饿            │
│            ↑                         │
│ 意图 = 农民种出更多的粮食            │
│            ↑                         │
│ 成果 = 农民采用更好的耕种方法        │
│            ↑                         │
│ 输入 = 制定战略和计划以培训农民      │
└─────────────────────────────────────┘
```

图 4-2　第二次逻辑转化

这种逻辑可能是显而易见的，但从来没有明确地陈述，以便工作人员能够为每个层级制定不同的措施。现在，通过收集和分析正确的数据，他们可以测试各种方法，跟踪进展，并评估战略的影响。

在6周时间里，我们用目标树规划了他们的主要计划，用逻辑框架规划了关键项目。我将永远珍视我的孟加拉国同行在项目结束时说的话："特里，你的体系非常清晰，从农业部长到农民，每个人都能达成共识，明白自己在项目中的角色。你给了我们前进所需的东西。"

项目的经验教训

这个项目给了我3个终生的经验教训。

第一，在一个有超过10亿人营养不良和极端贫困的世界，不应该把充足的食物供应视为理所当然。

第二，一个共同的规划方法和简单工具可以赋能给有决心的人，引起巨大的改变。

第三，有必要采用系统思考的方法来识别和管理任何具体项目内部和外部的交叉关系网。在这种情况下，生产更多的粮食是养活人民的必要条件，但不是充分条件。养活人民还需要建立其他系统，如从田间收割水稻，并将其分发到需要的地方，等等。

你的项目可能也存在于一个更大的关系网中。项目影响着其外部因素，但也被外部因素影响，这显然是你需要考虑的。通过理解这些关系，你将提高项目成功的概率。

☑ 检查逻辑框架结构和问题

逻辑框架的设计过程指导你在开发解决方案时思考所有关键问题。图4-3显示了每个逻辑框架单元格中的项目信息摘要。

正如NASA准则第15条提醒我们的，有效的初始规划是绝对重要的。

目　标	成功衡量指标	核实方法	假设条件
目的： ▶ 项目意图实现的大局目标	**目的衡量指标：** 实现目的的衡量指标（质量、数量、时间）	监视和核实目的的数据来源	**为实现目的：** 实现目的和超越目的所需的外部条件
意图： ▶ 成果带来的预期变化 ▶ 项目的动机	**意图衡量指标：** 项目结束时的成功条件（质量、数量、时间）	监视和核实意图的数据来源	**为实现意图：** 实现意图所需的外部条件
成果： ▶ 项目团队预期的具体结果 ▶ 好的项目经理能做到的事	**成果衡量指标：** 获得成果的描述（质量、数量、时间）	监视和核实成果的数据来源	**为产出成果：** 产出成果所需的外部条件
输入： ▶ 产出成果所需的活动和职责	**输入衡量指标：** 资源、预算和进度	监视和核实输入的数据来源	**为获得和管理输入：** 获得和管理输入所需的外部条件

图 4-3　逻辑框架中的术语定义

使用逻辑框架进行初始规划，可以实现其他项目管理方法论中的许多相同目标，但方式要简单得多。

这种方法与PMI精心设计的5大过程组和10大知识领域可以很好地结合在一起。在认证课程中，PMI强调了从启动到规划、执行、监控，最后收尾的系统思考。

请注意，每个过程组都是以逻辑框架及其4个问题的前期战略规划的结果为逻辑依据的。前两个过程组（启动和规划）是使项目落地的关键，这正是该方法的亮点。显然，逻辑框架一开始就赋予了项目章程力量和意义，而项目章程通常被认为是项目的起点。

一位用户观察到"这种方法仅用20%的工作量就提供了其他更复杂过程80%的价值"。而通常来说，80%就足够开工了，然后你再去发现还需要补充些什么。

每个逻辑框架反映一个特定的透视图或范围。这个透视图可以关注一个项目集或一个项目，也可以只关注项目中的一个成果。这种范围在影响上甚至可以是全局性的，后面的一个案例研究将表明这点。

从任何角度或参考框架来看，同样的"为什么-是什么-如何"（Why-What-How）构造在逻辑上把目标联系在一起仍然是正确的。从这个意义上说，逻辑框架在本质上是分形的。所谓分形，我们的意思是，无论视角是微观的还是宏观的，同样的原则都适用（分形是几何学用语，是指局部与整体的自相似性——译者注）。

4个关键战略问题驱动解决方案

要得到正确的答案，首先要能提出正确的问题。逻辑框架具有问题驱动的发现过程。我精心设计了4个关键战略问题来指引你。如图4-4所示，它们都是简单的问题——这才是重点。我相信爱因斯坦曾说过的一句话：如果你不能用简单的语言解释一件事，那你就没有充分理解它。

目　标	成功衡量指标	核实方法	假设条件
目的			
意图			
成果			
输入			

1. 我们要实现的是什么？

2. 我们如何衡量成功？

3. 还必须存在哪些条件？

4. 我们如何才能取得成功？

图4-4　4个关键战略问题

这4个关键战略问题的答案驱动了项目设计，可以填充到逻辑矩阵单元格中。

1. 我们要实现的是什么？（目标）

第一列描述目标和连接它们的"如果－就"逻辑。逻辑框架对目标的不同层次进行了重要区分：战略意向（目的）、项目影响（意图）、项目交付物（成果）和关键行动步骤（输入）。

2. 我们如何衡量成功？（成功衡量指标和核实方法）

第二列确定了每个层级目标的成功衡量指标。这里你可以选择适当的衡量指标，并选择数量、质量和时间指标来阐明每个目标的含义。第三列总结了如何在每个层级核实每个衡量指标的状态。

3. 还必须存在哪些条件？（假设条件）

第四列记录假设条件：那些项目成功依赖的、始终存在但经常被忽略的项目外部风险因素。定义和测试假设条件可以让你发现潜在的问题，并提前处理它们。

4. 我们如何才能取得成功？（输入）

底部一行总结了实施计划：谁做什么、何时、需要哪些资源。传统的项目管理工具，如工作分解结构和甘特图进度计划都适合使用。

这些精心设计的问题如果按照这个顺序处理，几乎在任何情况下都能增加很大的价值。通常，前3个问题被忽略了。但是，在知道你想去的地方之前就开启一段旅行，很有可能在目标以外的其他地方就早早结束。

☑ 停滞不前的团队最终是如何行动的

电话铃响起，是基思打来的。他是一位信息技术（IT）经理，曾参加过我在加州大学洛杉矶分校的技术管理项目的战略研讨会。他的特别工作组正在发起一个至关重要的项目，但计划却陷入了困境。

经过几次令人沮丧的会议，进展甚微。基思邀请我去协助他们的下一次会议。虽然基思熟悉逻辑框架，但其他人并不熟悉。人们通常抵制自己不理解的东西，所以我决定让项目设计通过自然的对话形成，即用4个问题作为跳板，而不是首先呈现逻辑矩阵，这样更有亲和力。

会议一开始，我就看到来自不同部门的十几位沮丧的项目团队成员，正在争论如何使用不同的软件解决方案和其他技术问题来完成这个项目。但很明显，他们对项目背后的原因没有共同的理解。然后，一位看上去脾气暴躁的主管瞪着我问道："好吧，你是顾问。我们被困住了。我们该怎么办？"

我的回答是抛出第一个问题。

我们要实现的是什么？

这位主管看着基思，团队成员也面面相觑，仿佛在说："付给这个人这么多钱，我们期待的是一个精彩的回答，而不是一个简单的问题。"

但这个问题将讨论从技术解决方案转移到了客户需求、干系人、期望和运营收益上。当他们的答案脱口而出时，我在白板上记下了他们的回答。他们很快就得出结论，目的是交付客户价值。

尽管并不深奥，但无论你有什么难题，都可以从这个问题开始。为什么需要完成这个项目值得我们深入关注，因为这些答案驱动着其他一切。如果不清楚项目必须完成的原因和内容，就很容易在如何交付的技术丛林中迷失。

当基思的团队达成一致意见时，我在白板上用大写字母写下了"目标"这个词。我把他们的目标按层次列了出来，目的在最上面，意图和成果在下面，用垂直的箭头把它们连接起来。随着项目假定开始成形，我问了下一个问题。

我们如何衡量成功

他们的表情说明，我已经揭示了一些解开宇宙之谜的神奇公式。实际上，这就揭示了每个目标背后的含义。最后，一位团队成员说："我们的目的是交付客户价值。那什么构成了成功还不清楚吗？"

不，那些太笼统和模糊了。他们随后开始确定如何使用绩效指标和数字来衡量每个目标的成功。

这个问题很少得到应有的重视。我们很容易假设，答案要么是显而易见的，要么是"其他部门"决定的。然而，在你定义如何衡量成功之前，每个目标的真正含义是不清楚的。我在白板上写下标题"成功衡量指标"，并在每个目标旁边加上他们提到的衡量指标。

我还在白板上添加了"核实方法"的标题，并列出了跟踪每个衡量指标的数据来源和方法。

随着我们勾勒出这些目标的成功衡量指标，房间里的气氛发生了变化。现在事情有了进展，基思额头上的忧虑皱纹舒展了。

当提出下一个问题时，我瞥见暴躁的主管脸上绽出了微笑。

还必须存在哪些条件

换句话说，有哪些风险？如何应对？他们分享了诸如培训、与现有系统的衔接、依赖性、相关项目、技术问题、资源问题及其他重要的考虑因素。

PMI和其他项目组织非常重视早期风险识别，并制订风险减轻计划以便识别风险事件的前兆。尽早使用逻辑框架来识别风险是一个巨大的优势。更广泛的风险分析的起点是定义假设条件。

我将这些假设条件添加到正在进行的项目设计中，标题为"假设条件"。然后我在各列之间画出直线，在每个层级之间画水平线，让最下面的一行空着。没错！一个逻辑框架正在出现！所有人都被这样的成就震惊。

他们以集体经验和常识为基础，创建了一个坚实的项目基础。现在我们终于可以让技术人员在细节问题上展开争论了，这是他们的长项。时间来到了下一个问题。

我们如何才能取得成功

太多的项目团队过早地深入任务和进度分析，或被不成熟的技术争论耽搁。我们通过在最后提问第4个问题，确保你从中获得最大的收益。

这4个关键的战略问题构成了战略项目管理的核心。每个项目都应该按照这些问题的顺序来提问和回答。当然，这些问题是迭代的、相互关联的。最好的做法是给出首次答案，并反复思考。每次回答都能完善你的计划，增强你对战略的信心。

这些问题的答案，以及它们激发的次生问题，将引导你以结构化和逻辑化的方式将拼图拼起来。就像填字游戏一样，当增加更多的连接时，你的"项目解决方案"将从数据、分析和经验中浮现出来。

☑ 加强项目设计

项目是有风险的。在投入资源之前，你要有理由相信你的方法能够实现预期目标。这意味着要检查主要的风险因素并加以处理。

简单的"如果-就"逻辑结构推测一个层级通向另一个层级，但你有理由确定吗？或者这只是你一厢情愿的想法？

这就是假设条件的由来。你可以通过确定某些必须有效的假设条件来降低风险。假设条件被定义为成功的必要条件，而它们在很大程度上超出了你的控制范围或项目范围。

扩展假设条件及完善假定

为了对项目设计有信心，我们必须在每个层级定义达到下一个层级的所有必要和充分条件。这些条件包括假定和假设条件。项目假定是项目内部的，反映了我们对因果关系的看法，而假设条件是外部的。

假设条件（风险）的概念迫使我们扩展原始假定，以反映逻辑链之外的不确定性。扩展后的逻辑变成了"如果-和-就"逻辑，如图4-5所示。我称之为实施方程式™。

```
                  实施方程式 ™
  ▶ 如果输入和有效的假设条件，就成果
  ▶ 如果成果和有效的假设条件，就意图
  ▶ 如果意图和有效的假设条件，就目的
```

图 4-5　实施方程式 ™

通过合并逻辑框架最右列的假设条件，我们设计的逻辑流程如图4-6所示。

通过在设计阶段仔细考虑假设条件，项目设计将更完善，团队可以预测在实施过程中可能出现的困难。

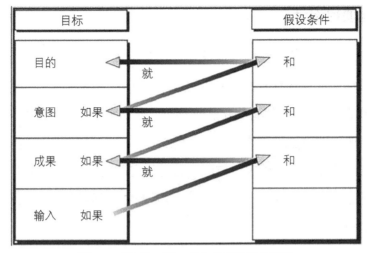

图 4-6　"如果－和－就"的逻辑完善假定

评估假设条件

正如许多失败的项目表明的那样，仅陈述了一个假设条件，并不意味着它是正确的。每个假设条件都需要用放大镜近距离观察。向每个人提出以下问题：

- 这个假设条件合理吗？它有效的概率有多大？我们怎么知道？
- 假设条件无效导致的项目后果是什么？影响有多严重？
- 如何影响对我们有利的假设条件？

由于假设条件照亮了我们在攀登因果层次阶梯时可能出现的陷阱，尽早发现它们，带来的好处应该是立竿见影的。最好提前发现这些潜在的破坏性因素，并决定如何处理它们，而不只是口头上说说，以至于它们以后真的妨碍你。第7章将讨论如何分析假设条件并降低可预防的风险。

☑ 多角度思考

逻辑框架的组织能力来自它整合其他规划方法和原则的特性。

可以把逻辑框架矩阵看作一个上层结构，一座利用其他几个有价值的方法的拱桥，这些方法的原理被纳入矩阵中，如图4-7所示。

逻辑框架融合多个视角

逻辑框架是一个系统思考的“元框架”，它将其他一些有用的方法整合到一个交互式视觉矩阵中，包括：

科学方法——项目战略可以用因果逻辑组织成一个可检验的假设。进行测试以检验假设的有效性。

目标	成功衡量指标	核实方法	假设条件
目的			
意图			
成果			
输入			

战略规划——从未来愿景、目的和定位开始，然后衍生出项目。目的和意图层级的目标体现了战略意向。

目标	成功衡量指标	核实方法	假设条件
目的			
意图			
成果			
输入			

项目管理——专注于将活动和资源转化为成果或可交付物。输入工具包括预算、进度和角色。

目标	成功衡量指标	核实方法	假设条件
目的			
意图			
成果			
输入			

风险管理——外部因素总是存在的；识别和测试假设条件。本列是进行更严格的风险分析和降低风险的起点。

目标	成功衡量指标	核实方法	假设条件
目的			
意图			
成果			
输入			

目标管理——项目目标必须是可衡量和可核实的。提前制定明确的衡量指标可以简化监视和评估。

目标	成功衡量指标	核实方法	假设条件
目的			
意图			
成果			
输入			

敏捷——任何冲刺中的用户故事都有助于达成特定的成果。

目标	成功衡量指标	核实方法	假设条件
目的			
意图			
成果			
输入			

图 4-7　逻辑框架融合多个视角

逻辑框架结构借鉴、考虑并整合了几乎所有其他有用的分析方法。例如，在评估意图和目的的经济价值时，可以采用投资回报率和收益/成本分析等财务工具。仔细观察，可以看到全面质量管理和六西格玛的概念出现在多个单元格中。

最后，也是最重要的一点，逻辑框架通过提供一种结构，让人们协作创建一个合理和共享的设计方案，推动了团队建设。

当团队用在线设计协作软件或白板等工具来充实逻辑框架时，他们的生产力和创造力会显著提高。试试吧！你肯定会发现这点的。

这种方法的应用几乎是无穷无尽的。同样的思考过程不仅适用于商业项目，也适用于个人项目，第12章有更多的介绍。现在，让我们通过一个案例研究来了解逻辑框架如何帮助生成一个大问题的解决方案。

尽管这个案例的主题可能与你自己的工作非常不同，但你将看到这个框架如何帮助你为重大问题创建有效的解决方案。

☑ 案例：管理企业范围内的变革

弗克雷斯特残疾发展学校（以下简称弗克雷斯特学校）陷入了严重的困境。

弗克雷斯特学校是美国西雅图市的一所寄宿学校，大约有800名具有严重的精神、身体和情感发育障碍的成年人和儿童寄宿。它由美国华盛顿州和联邦政府资助，并由华盛顿州社会和卫生服务部管理。

该学校的工作既困难又危险，工作人员不堪重负。有几例不明原因的寄宿者受伤，甚至有一例可疑的死亡，这导致了联邦审计。

联邦审计是由来访的专家进行的，他们发现寄宿者没有得到适当的治疗。他们目睹了精神药物和约束带的过度使用、缺乏质量保证、医疗和护理记录不及时或不准确、太多护士被分配到行政岗位，只有很少的护士负责住院护理和治疗。

审计结束后，学校的认证被撤销，数百万美元的联邦资助也被取消。这给弗克雷斯特学校的管理带来了严重的问题，需要以正确的方式迅速突破困境。项目经理凯蒂·卡梅隆和她的项目团队使用逻辑框架来制定解决方案。

他们从一种简单的技术方法开始。团队确定了问题的各个方面及其表现，然后反向生成目标草案，提供了一个可使用的可能性选项池，如图4-8所示。

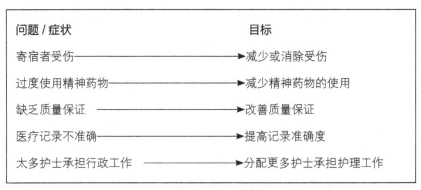

图 4-8　目标草案

经过仔细考虑和讨论，他们将目的和意图表述如下。

- 目的：使弗克雷斯特学校达到并保持联邦认证标准。
- 意图：弗克雷斯特学校的寄宿者安全、健康，接受优质护理，人权得到保护。

快速回答：在继续后面的内容之前，你会如何衡量这个意图陈述？你会选择哪些具体指标来体现"安全""健康""优质护理"和"人权"等词语的含义？花点时间考虑一下……

项目团队制订了目标、成功衡量指标，以及核实方法（见图4-9）。虽然该说明包含了许多需要衡量的部分，但为意图中的关键词确定了目标指标。这些指标及在第三列中列出的核实方法，足以评估项目的成功。

目　标	成功衡量指标	核实方法
意图 弗克雷斯特学校的寄宿者安全、健康，接受优质护理，人权得到保护。	**项目状态的结果** 1. 1月1日至10月31日，需要看护或药物治疗的寄宿者的受伤情况降低50%。 2. 1月1日至10月31日，没有发生非正常或可疑的寄宿者死亡。 3. 1月1日至10月31日，约束带和暂停室的使用减少80%。 4. 1月1日至10月31日，给予寄宿者精神药物的处方量下降25%。 5. 截至9月1日，75%的寄宿者每天参与超过3小时的有酬工作活动。	1.1 审查和总结事故报告。 1.2 审查医疗记录，并把受伤信息做成表格。 2. 审查验尸报告。 3. 审查和总结约束带和暂停室的使用记录。 4. 审查药房和药物管理办公室的记录。 5. 收集、审查和总结寄宿者的生产记录和报酬信息。

图 4-9　弗克雷斯特学校项目的目标、成功衡量指标和核实方法

他们继续确定了解决问题、提供高质量护理和获得认证所必需的6个成果。图4-10显示了完整的逻辑框架。

回顾弗克雷斯特学校项目逻辑框架

这个案例研究反映了团队对逻辑框架设计概念的高效应用。当你回顾它时，请注意以下特性。

简洁和清晰

一个复杂的项目只占用3页纸。通常1页纸就足够了。

健全的逻辑

意图和目的陈述适当，它们之间有清晰的逻辑关系。意图说明表达了产生成果需要和期望的转化条件。

有意义的衡量指标

意图的衡量指标提前说明了评估意图层级影响时所需的必要数据，而核实方法列显示了如何收集数据。

改善社会服务交付的逻辑框架
（弗克雷斯特残疾发展学校）

第 1/4 页

目　标	成功衡量指标	核实方法	假设条件
目的 使弗克雷斯特学校达到并保持联邦认证标准。	**目的衡量指标** 1. 在10月31日后的某个时间，所有ICF/MR监管调查将完成，没有发现条件级别缺陷。 2. 弗克雷斯特学校继续在高标准的健康、安全、优质护理和人权水平上运营。	1. 来自调查团队的书面文件显示，没有发现条件级别缺陷。 2. 跟踪无负面发现的年度调查。	**达到目的的假设条件** 1. DSHS 秘书尚未与政府签订弗克雷斯特学校未知晓新的协议。 2. 没有未预料的联邦政府（司法部门）诉讼行动。 3. 州总检察长会准备好计划，以便在8月3日前申诉。
意图 弗克雷斯特学校的寄宿者安全、健康、接受优质护理、人权得到保护。	**意图衡量指标** 1. 1月1日至10月31日，需要护理或药物治疗的寄宿者的受伤情况降低50%。 2. 1月1日至10月31日，没有发生非正常或可疑的寄宿者死亡。 3. 1月1日至10月31日，约束带和暂停室的使用减少80%。 4. 1月1日至10月31日，给予寄宿者的精神药物的处方下降25%。 5. 截至9月1日，75%的寄宿者每天参与或超过3小时的有酬工作活动。	1.1 审查和总结事故报告。 1.2 审查医疗记录，并把受伤信息做成记录。 2. 审查验尸报告。 3. 审查和总结约束带和暂停室的使用记录。 4. 审查药房和药物管理办公室的记录。 5. 收集、审查和总结寄宿者的生产记录和报酬信息。	**实现意图的假设条件** 1. 寄宿者受伤信息都在事故报告和医疗记录中。 2. 验尸房对所有死亡者都执行了验尸。 3. 员工填写了约束带和暂停室的使用记录。 4. 生产记录有足够的细节。

图 4-10　改善社会服务交付的逻辑框架

目标	成功衡量指标	核实方法	假设条件
成果	**成功衡量指标**		**产出成果的假设条件**
1. 实施新寄宿者康复计划。	1.1 截至 7 月 1 日，95% 的寄宿者康复（清醒）时间将由新的治疗项目组织和管理。	1.1 观察每个培训地点的培训时间。	1. 员工接受了充分的培训，并了解新项目的期望。
2. 实施质量保证体系，以支持康复计划更新。	2.1 至少指派 10 名 FTE 人员进行质量保证（QA）活动。 2.2 完成所有培训地点的带有目标项目指标的 QA 核对表。 2.3 项目团队使用 QA 数据来修改 / 修正有缺陷的项目。	2.1 检查个人记录。 2.2 检查公布的清单。 2.3 调查项目团队对数据的使用情况。	2. 可以达成工会协议。 3. 选择团队的领导优先从调查团队的角度准确反映了好的计划。
3. 设施重组，员工重新部署。	3.1 截至 6 月 1 日，人员变动全部完成，更好地部署工作人员，以支持寄宿者的护理和治疗。	3.1 检查人事记录。	4. 所选择的表格和记录更改格为更改格为节省"实际的"而不是"感知的"时间。
4. 落实人权保障。	4.1 全部落实住院医师行为计划和精神药物处方计划。 4.2 截至 9 月 1 日，80% 的寄宿者投诉会在 48 小时内得到至少一名保障委员会成员的认可和回应。 4.3 截至 6 月 15 日，寄宿者和家人拥有申诉专员。	4.1 检查评审记录。 4.2 分钟回顾。 4.3 宣布任命。	5. 维护工时的和资金可用。 6. 预算授权。
5. 精简医疗和护理记录，节省医生和护士治疗时间。	5.1 截至 6 月 15 日，新的病历在全部住院病历中使用，并逐步准确填写。 5.2 截至 9 月 1 日，至少 85% 的护士和医生增加 20% 的诊疗时间。	5.1 抽样 25% 的记录。 5.2 护士和医生进行为期一周的自我调查，期间研究时间 / 工作时间。	
6. 完成工厂的"美化"和更新，以支持新项目。	6.1 截至 6 月 1 日，90 平方米的新活动空间建成。 6.2 截至 8 月 1 日，28 所房屋安装好新的客厅家具。 6.3 从 5 月 1 日开始，校园草坪将被修剪到"可接受的"水平，并每周维护。	6.1 巡视并测量空间。 6.2 巡视房屋。 6.3 每周抽查。	

图 4-10　改善社会服务支付的逻辑框架（续）

第 3/4 页

输入：团队如何产出成果			进度（按月）												假设条件
行动步骤	责任人	千美元	1月	2月	3月	4月	5月	6月	7月	8月	9月	10月	11月	12月	
1. 新寄宿者康复计划	总监														1.QA 系统 / 数据可以计算机化。
1.1 留住技术专家	专家														2. 计算机员工设计系统足够专业。
1.2 制订进度计划	专家	60													
1.3 对员工进行再培训	员工														
1.4 编写新计划	员工														
1.5 根据需要实施修改															
2. 质量保证体系	主管														3. 工会达成协议。
2.1 分配员工	专家														4. 有足够的志愿者和非工会成员可以指定。
2.2 设计系统	业务经理	25													
2.3 购买计算机	QA 团队														
2.4 创建原型	QA 团队														
2.5 收集 QA 数据	QA 团队														
2.6 分发 QA 数据															
3. 重组	专家														
3.1 确定新角色和职责	人事经理														
3.2 角色与工作匹配	主管														
3.3 确定新角色资源	主管														
3.4 与工会协商	专家														
3.5 通知受影响的员工	员工														
3.6 员工实践新角色															

图 4-10　改善社会服务交付的逻辑框架（续）

输入：团队如何产出成果 行动步骤	责任人	千美元	1月	2月	3月	4月	5月	6月	7月	8月	9月	10月	11月	12月	假设条件 第 4/4 页
4. 人权系统															
4.1 撰写政策/程序	专家														
4.2 建立新的委员会	主管														
4.3 任命新委员会成员	主管														
4.4 分析委员会 QA 数据	主席														
4.5 与督学审查	主席														
5. 医疗记录															
5.1 识别目标记录	专家	3													
5.2 起草新表格内容	记录员														
5.3 更改/重印新表格	记录员														
5.4 培训员工	员工														
5.5 更新和修改图表	员工														
6. 工厂更新															
6.1 设计新的项目空间	员工														
6.2 确定家具要求	员工														
6.3 采购材料和家具	业务经理	500													
6.4 改造/建造	工厂经理														
6.5 安装新家具	工厂经理														
6.6 执行草坪维护计划	工厂经理														
总计		588													

图 4-10 改善社会服务交付的逻辑框架（续）

切块的成果

这6项成果对于实现其意图来说似乎是适当的、必要的和充分的。它们描述得足够清晰，每个人都能理解各个部分是如何结合在一起的。

有条理的输入

实施计划在甘特图中概述。输入任务的数量并不庞大。还要注意任务编号是如何直接与相应的成果相关联的。

识别的关键假设条件

这些条件包括内部风险、数据质量问题和外部实体（如司法部部长）要求的行动。通过遵循这一设计，并在过程中不断调整，弗克雷斯特学校项目团队做出了改进，并实现了提供护理和重新获得认证的目的。

它足够好吗

逻辑框架不一定要完美才有用。衡量逻辑框架是否有用的最佳标准，正如质量大师丁·杜兰所说：适合使用。额外的材料还包括一份质量检查表，你可以用来评估和加强项目设计。

☑ 要点回顾

1. 无论你是在做有具体目标的简单项目规划，还是在最终结果不明确的情况下做更复杂的规划，或者重新评估、调整和修正你的业务，逻辑框架都是一种有效的规划方法。

2. 逻辑框架结合了其他多种规划方法的特点，并可以增强其他规划工具的有效性。

3. 4个关键战略问题提供了一种简单的方法，有助于你学习和利用逻辑框架的概念，并设计健全的项目。对这4个问题的回答，以及随之而来的后续提问，有助于确定你的重要问题。

4. 目的是宏观的"为什么"，意图是项目具体的"为什么"。成果是实现意图必须产出的东西。输入是指如何、谁、何时，即得到成果所需的任务和资源。

5. 假设条件是有效逻辑必需的条件，却不受你的控制。它们通过实施方程式™，被引入逻辑框架中。假设条件是隐藏风险所在之处。尽早、持续地识别并处理它们。

6. 意图是需要关注的最关键的目标，因为它描述了交付成果所需的行为变化或条件。

☑ 接下来做什么

本书第2部分将从第5章的第一个问题开始，深入探讨4个关键战略问题中的每个。这个问题的答案包括为什么要做这个项目，它的目标是什么，以及它预计产生什么影响。第2部分还解释了目的和意图的区别，以及为什么意图是最关键的目标：因为它形成了设计重点，所以需要明确且具体地确定。

你将学到，在规划如何完成项目之前，明确假定和详细理解为什么需要这个项目是很重要的。一个最小可行项目（Minimum Viable Project，MVP）可以通过选择实现初始意图所必需和足够的最小成果集来定义。

第2部分

掌握4个关键战略问题

在第2部分，我们将对各个战略问题进行扩展，并展示答案是如何填充进逻辑框架矩阵的。每个问题和答案都是项目解决方案的一部分。

第5章 探讨问题1：通过提问我们要实现的是什么，引导你建立牢固的基础。

第6章 解决问题2：通过提问如何衡量成功，帮助你明确每个目标的意义。提前描述成功是什么样的，可以让你的项目与现实世界保持一致。

第7章 回答问题3：通过提问还必须存在哪些条件，引导你评估假设条件，以识别和降低风险。

第8章 讨论问题4：通过提问我们如何才能取得成功来制订执行计划，无论项目生命周期是预测型的还是适应型（敏捷）的。

把这些问题作为讨论的跳板。它们会开启对话，并引出一些次级问题，从而使对话更深入。回答了这些关键问题，就完成了如表II.1所示的相应的项目设计步骤。

表 II.1　问题驱动的项目设计步骤

4 个关键战略问题	4 个项目设计步骤
1. 我们要实现的是什么	1. 确定和调整项目目标
2. 我们如何衡量成功	2. 选择指标，设置目标
3. 还必须存在哪些条件	3. 发现假设条件，降低风险
4. 我们如何才能取得成功	4. 制订行动计划——谁、是什么、何时

第5章

问题1：我们要实现的是什么

目标管理是有效的——如果你知道目标。但90%的时候，你是不知道的。

——彼得·德鲁克

☑ 确定和调整关键目标

在任何项目中，最重要的规划步骤是弄清楚为什么你要做这个项目。

以"为什么"开始，视角会更高、更广阔。这就像乘坐直升机在迷宫上空盘旋，以便更清楚地看到解决方案。如果停留在地面（任务）层级，看不到迷宫的地图，你将遇到更多的死胡同。

通过理解"为什么"，你可以运用专业知识来确定团队必须产出或交付什么。

确定并调整你的关键目标，可以建立一个合乎情理的商业论证，并证明为什么你的想法值得支持。这意味着重新审视逻辑框架矩阵的目标列，如图5-1所示。

目　　标	成功衡量指标	核实方法	假设条件
目的			
意图			
成果			
输入			

图 5-1　目标列概括项目假设

　　本章探讨了项目设计逻辑，并分享几个应用实例。它以一个非常雄心勃勃的"为什么"的历史事件开始。 这里以第一人称描述美国历史上一个令人瞩目的时刻，来说明"为什么"的伟大力量。

☑ 让我们去月球

　　1961年1月，约翰·F.肯尼迪成为美国总统时，美国在与苏联的冷战中仍处于落后状态。美国军方注意到，苏联设计的沙滩排球大小的斯普特尼克卫星能够携带一种可以在美国本土上空引爆的原子武器。美国既没有类似的能力，也没有任何防御措施。这刺激了军事和民用火箭的发展计划。

　　肯尼迪总统明白，为了弥合这一差距，关键是要抓住美国人的心智和精力。保护美国是最终目标，但这个目标还不足以引起必要的兴奋和关注。他需要一个更大的愿景来激励行动。几周后，肯尼迪以一种激起美国人的冒险和竞争意识的方式宣布了这个愿景。

> 总结一下，肯尼迪说："我承诺美国将在这个10年末（1961—1970年），让人类登上月球并安全返回。"

请注意这个句子使用的简洁、清晰的词语，以及它们如何反映逻辑框架的关键因素。它们总结了主要目标（登上月球），并使用质量（安全）、数量（至少一个人）（英文原文为"a man"，有"一个人"之意——译者注）和时间（10年内）来充分衡量。正如我们将在第6章中提到的，这3个因素（Quality，Quantity，Time，QQT）是阐明目标所需的最少衡量指标。

登月计划背后的战略逻辑是：

- 如果建造火箭并训练宇航员，我们就能把人类送上月球。

- 如果把人类送上月球，我们就能证明西方体制的优越性。

- 如果证明西方体制的优越性，我们就能赢得"冷战"。

- 如果能赢得"冷战"，美国家庭就会更加安全。

除了安全愿景之外，人类登上月球还将推动技术进步，并显著提高美国的国际声望。

在肯尼迪发表声明时，没有人确切知道这个超级目标将如何实现，但愿景非常清晰，使命非常重要。这启动了一个国家级的计划，其范围是前所未有的，包括超过16万人和1500家公司，共同致力于开发一个异常复杂的系统。

为什么这个例子意义重大？首先，它提醒我们，当人们有一个明确和令人信服的使命时，他们可以做到什么。其次，它说明了每个项目背后都有一系列更高层次的战略目标，而你可能惊讶地发现，那些为项目工作的人往往并不清楚这些目标。最后，它体现了项目集和项目管理的精髓。NASA借鉴了业界最佳管理实践，然后改进和扩展，以涵盖整个项目。逻辑框架的前身可以追溯到一些用于登月计划和整个行业的战略管理工具、系统和流程。

发射倒计时

1969年7月19日，在阿波罗11号飞船预计发射的几周前，我决定在沙滩上和两百万人一起见证这个历史时刻。作为一名刚毕业的大学生，我虽然囊中羞涩，但志存高远。我拿好睡袋和80美元，带着满满的乐观，踏上了4000公里的搭顺风车的旅程。

我在途中有了一个想法，并在美国亚拉巴马州亨茨维尔市的NASA新闻办公室停了下来。"我能有机会拿到记者通行证吗？"

这是21世纪最热门的媒体事件，世界上每家主要报纸和杂志都已经参与其中。等他们笑够了，我问道："《螺旋》杂志在你们的媒体清单上吗？"

"《螺旋》杂志？不在。你是他们的记者吗？"我不会告诉他们，"螺旋"是西雅图当地的地下"嬉皮士"乐队，充斥着摇滚音乐会、迷幻药和自由恋爱。

"不，目前还不是，但很快就是了。"然后我打电话给《螺旋》杂志的编辑，问他们是否可以派一个记者去报道登月飞船发射。

"太远了，伙计。"他回答，听起来好像他已经漂浮在太空中的某个地方了。我来到肯尼迪角新闻办公室，希望这名编辑从火星回来了足够长的时间，能把记者证寄来。是的！我进来了！

我在希尔顿酒店后面的灌木丛中寻找一个可以放睡袋的地方。我注意到一个标志："CBS私人活动；仅限媒体"。这看起来很有希望。于是我扔掉睡袋，掸掉牛仔裤上的灰尘，戴上如图5-2所示的记者证，然后直接进去享用密西西比河以东最美味的自助餐。

幸运的是，CBS的电视主播沃尔特·克朗凯特旁边一个空位，他被称为"美国最值得信赖的人"。克朗凯特人如其名，非常亲切。

我们谈论了即将展开的进入未知领域的历史性旅程，以及大胆思考所需的勇气和承诺。我们讨论了地缘政治的利害关系和巨大风险。在全世界6亿观众面前，事情可能变得非常糟糕。但是，有一些风险的确是值得承担的，因为收益是巨大的。

图 5-2　授权记者的记者证

在发射的前一天晚上，记者们被护送到雄伟的110米高的"土星5号"火箭的底部。它巨大的引擎产生的推力，足以让重3100吨的火箭和人类离开地面，踏上他们的命运之路。听起来像陈词滥调，但对我来说，这是一个精神上的重要时刻——现在回想起来，我仍然会激动得战栗。

发射当天，黎明前，我和来自《时代》《世界报》《纽约时报》，当然还有《螺旋》等著名媒体的记者一起，坐在木制的媒体看台的第5排。扩音器的声音几乎淹没了青蛙的鸣叫声、机械打字机的嗒嗒声，以及讲着33种不同语言的记者们的声音（见图5-3）。

图 5-3　媒体记者在等待发射

随着倒计时的继续，你可以感受到紧张的气氛。还有1小时、30分钟、1分钟、最后10秒……

10、9、8、7、6（点火）……第一级发动机轰鸣着发动起来，喷出火焰和烟雾，像一千条愤怒的火龙。

5、4、3、2、1……起飞……夹臂张开，阿波罗11号飞船庄严地离开地球，轰鸣着进入历史。它的脉冲式发动机震动着空气，以至于我指向3公里外的火箭时，手掌一直在颤抖（见图5-4）。

4天后，尼尔·阿姆斯特朗踏上了月球，并报告"鹰着陆了"。

图 5-4   阿波罗 11 号飞船的发射

阿波罗计划证明了，当一个令人信服的愿景得到战略和坚实管理的支持时，一个坚定的团队可以取得怎样的成就。更重要的是，阿波罗计划提醒了我们人类精神的力量，以及我们的心灵、头脑和辛勤工作所能取得的成就。这几乎适用于任何项目！

现在，让我们回到实际问题上来。

☑ 从大"为什么"开始

逻辑框架的目标区分了项目两个不同层级上的"为什么"。正如前面介绍的，它们是意图和目的。

我们可以把意图看作短期的小"为什么"，而目的则是长期的大"为什么"。将意图称为"小"只是一种助记方法，帮助我们记住它在逻辑框架中的位置（在大"为什么"的下面），以及它在范围（项目范围而不是项目集范围）中更小。一旦建立了这些，你就可以更自信地识别项目可交付物（是什么），以及行动计划（如何）。

也许令人惊讶的是，在项目设计中，意图比大"为什么"更重要。这点你很快就会知道。

使项目可交付物与这两个"为什么"保持一致，为执行提供了明确的方向和焦点。下面的触发问题说明了目的和意图的区别（见图5-5）。

意图问题	目的问题
用户或客户需要的是什么？	我们为什么要做这个项目？
客户或用户将如何从这个项目中获益？	这个项目将使我们走向何方？
	这项投资的价值或收益是什么？
我们怎么判断这个项目是否成功？	这个项目的主要原因是什么？
我们想要引起什么变化？	这个项目对更高层面的公司或战略计划有什
这个项目要解决的问题是什么？	么贡献？

图 5-5 目的和意图的区别

下面是一些意图陈述的例子和相应的目的（见图5-6）。注意，虽然项目本身可以实现既定的意图，但它只是对目的有贡献的一个因素。

意图	目的
简化产品 ——————————→	减少客户服务电话
在全世界禁止吃小型犬 ————→	让吉娃娃犬更安全
增加国家森林防火带的数量 ——→	减少森林火灾造成的房屋损坏
在社区再开 10 家日托中心 ——→	让更多单身母亲外出工作
开发新的 XYZ 产品 —————→	增加公司的销售额和利润
学习影响力技能 ——————→	促进事业上升和薪资增加
健身塑形 ————————→	在同学聚会上看起来棒极了

图 5-6 意图陈述的例子和相应的目的

如果你有两个看似合理的"为什么"陈述，并且不确定哪个是意图，哪个是目的，就进行"如果-就"测试。先问一个问题，再问另一个问题，然后选择有意义的顺序。

首先关注意图

逻辑框架应该只有一个意图。这是因为，只有一个意图使我们更容易识别出必要的成果。多个意图分散了项目焦点，使设计混乱。

如果你有一个以上的合理的意图，首先检查一下候选意图陈述之间是否存在因果关系。通常，你可以在一个单一的、更全面的陈述中总结出多个意图，并用衡量指标来捕捉陈述中每个方面的含义。

很多时候，乍一看似乎不同的意图，实际上是使用了不同词语表达的同一件事。要想知道是否属于这种情况，先检查你将如何衡量每个意图。如果衡量标准是一样的，目标就是一样的。

只需单个项目就达成一个重要目标的情况是很少的。通常需要推进多个项目（每个项目都有自己的意图）来实现目的。例如，为了实现增加利润的单一目的，可能需要并行的项目来降低成本和增加销售额。

为什么在设计项目时，"意图"是最重要的层面？答案是，项目是为了实现意图而设计的。清晰的意图和相关的成功衡量标准，有助于你确定实现意图需要的一系列成果。

此外，意图更"触手可及"。有时候，目的是广泛和巨大的，但意图是可以达到的，是迈向目的的必要步骤。意图的实现应该是团队的焦点，而不仅仅是成果的交付。

选择一个最能体现项目意图的动词。最常用的动词如图5-7所示。

• 简化	• 使用	• 增加
• 改进	• 加快	• 复兴
• 优化	• 减少	• 加强
• 实现	• 流线化	• 转化

图 5-7　最常用的动词

意图应该表达一个清晰的、令人信服的、激励的意向，并得到所有关键成员的同意。

改善成果

成果被定义为达到意图所需的项目可交付物和功能过程。

如果你的项目类型有标准的步骤或里程碑，你可以用这些来切块（组织）你的成果。但对于渐进的探索型项目，这种最初的明确性并不存在。在其早期阶段，成果集可以由识别和开发过程、工作流、泳道和主题探讨组成。

除了最简单的项目，所有项目的初始计划通常都需要几次迭代才能得到可执行的解决方案。每次迭代，都会获得更清晰的认知。随着这种渐进明细，问题和解决方案开始收敛。早期的成果被抛弃，被更具体的结果取代。

设计思维要敏捷一些。从意图开始，确定一两个你确信的成果。随着分析深入，当你聚焦于一个可行的解决方案时，其他所需的成果就会在你的头脑中凝聚。当你讨论、学习并朝着最佳解决方案努力的时候，让成果明智地发展。

你的项目是否有一个以上的阶段？它们是连续的还是重叠的？如果是这样，每个项目阶段都有自己独特的意图和成果集，并与所有阶段的共同目的相关联。在每个阶段中，你可以选择如何对成果进行切块，包括以下方式：

- 主要里程碑
- 可交付物的顺序
- 负责的组织、实体或人员
- 所需的过程或能力
- 必须执行的职能

根据经验，5~7个成果（加减2个）通常就足够了。可以更少一点，但如果只有一个成果，就需要看看是否可以进一步细分。如果有太多成果，则试着以某种方式将它们分组。

☑ 识别最小可行项目

你可能见过MVP这个缩写，它的意思是"最小可行产品"，即具有展示概念或实现销售所需的最小功能集的产品。

在谈到逻辑框架时，我们用这个缩写来表示最小可行项目，即具有实现意图所需的最小成果集的项目。

Zappos网站创始人谢家华用一款MVP来证明自己的理念。他的理念（假定）是，如果人们在网上看到漂亮鞋子的广告，就会购买。他在完全没有库存的情况下开始了卖鞋的生意。他把他认为将在网上卖得很好的鞋子拍照，然后通过广告出售。如果有人下了订单，他就会自己去买一双，然后将它们寄给客户。很难想象，有什么比对概念进行最低限度的必要测试更容易的确定战略可行性的方法。

逻辑框架最关键的设计元素是从成果到意图的假定，也称项目设计假定。如图5-8所示，假设条件和它的"如果-和-就"结构将这一因素考虑在内。

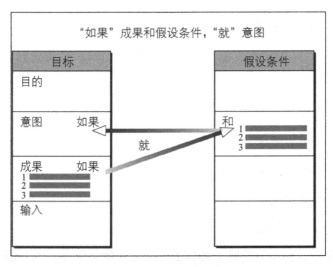

图 5-8　项目设计假定

你应该对假定有合理的信心："如果我们能够产生这些成果，并且这些假设条件是正确的，我们就应该实现这个意图。"问问自己是否有必要，以及是否有足够的成果和假设条件实现这个意图。这就是使用逻辑框架来定义、实验和测试MVP的地方，也是你把感觉转化为一个可测试的实验的地方。

举个简单的例子。你的意图是更健康，有更多的精力，这样你就可以达到长寿和快乐生活的目的。你可能从已经知道的成果开始设计：良好的饮食习惯和例行锻炼。你的假设条件可能包括得到有不同食物偏好的家庭成员的支持。如果你吃得好，运动得好，但睡得不好，你可以扩展逻辑框架到包括获得更好的睡眠的成果，这可能需要一个假设条件，即床垫足够舒适，足以让你得到充分的休息。如果这个假设条件不是真的，就该换床垫了。我们将在第7章仔细研究假设条件。

保持简单

蒂姆·麦克林托克是一位优秀的战略顾问，他帮助客户公司迅速扩大规模。有时，他会基于已经在做的事情增加行动，但更多时候，他会建议减少行动事项，而不是增加。

麦克林托克指出了客户不再需要做什么，以及妨碍他们的因素。他把行动简化到能达到目的的最基本的部分。任何不能为该目的增加价值的事情都会分散注意力，使情况更复杂，增加成本并失去机会。

最低限度的必要和充分的行动确定后，麦克林托克帮助客户制订一个循序渐进的计划，利用逻辑框架和其他工具，从他们目前的状态发展到未来想要达到的状态。

☑ 项目设计案例

让我们来看看几个真实的案例：项目团队是如何使用问题1来确定和调整目标，以开发MVP的。每个案例可作为起点，你可以使用和修改它，以适应你自己的类似项目。当你阅读这些内容时，考虑如何衡量每个目标，以及哪些假设条件可以强化"如果–就"逻辑。

改进一个业务流程

一家日本电子公司的美国工厂有3个独立的业务部门，分别位于同一区域的不同办公楼内。这3个业务部门生产笔记本电脑、显示器和电视机，每个部门都有自己的采购、库存和支付功能。这种重复是昂贵和低效的。

在一次项目设计的现场培训研讨会上，来自3个业务部门的参与者讨论了这个问题，并决定采取主动，提出一个更好的方法。他们的逻辑框架如下。

目的：

公司更好地管理财务资源。

意图：

改进采购/库存/支付系统。

成果：

1. 选择解决方案任务组。

2. 记录当前流程。

3. 明确问题原因。

4. 识别"最佳实践"。

5. 定义解决方案参数和系统约束。

6. 确定备选方案。

7. 设计新的流程。

8. 制订实施计划。

这里的成果是按顺序的里程碑进行切块的。请注意，第8个成果是为下一阶段制订一个实施计划。它出现在这里，既是一个提醒，也是连续性的桥梁。该计划本身需要一个单独的逻辑框架，把前7个成果的结果放在一起。请注意，把下一阶段的计划作为一个可交付物，将为多阶段项

目的下一阶段搭起平滑的桥梁。

这个MVP设计足以向高级管理层推介，他们也同意团队完成该计划并领导其实施。此外，团队的主动性也得到了认可。

发展内部培训能力

在一家快速发展的视频游戏公司，员工平均年龄只有27岁。这些年轻、热情的游戏玩家没有项目管理经验，却承担着主要的项目责任。公司需要更多具有项目管理技能的员工，以应对快速扩张。在进行了逻辑框架试点后，他们决定发展内部培训能力，并使其成为公司能力的一部分。他们的逻辑框架如下。

愿景：

公司运营平稳、高效、有效、盈利，并提供卓越的玩家体验。

目的：

公司各级领导了解并能够使用LFA来规划和执行各类战略举措。

意图：

公司有足够的内部能力提供有效的LFA培训，并促进规划会议。

成果：

1. 建立LFA项目组，并有效运作。

2. 调整目前的研讨会设计，以符合公司特色。

3. 举办额外的研讨会，以培训参与者、完善材料，并培养讲师。

4. 培训内部讲师，使他们达到可通过认证的绩效水平。

5. 制订推广计划和时间表。

注意，他们在目的之上增加了一个额外的愿景层级，以连接到公司目标。这展示了逻辑框架如何适应不同的需求。

培养内部人才

一家高科技公司认识到，他们没有足够的从内部晋升的后备力量，以填补出现的关键职位空缺。他们的项目将确保培养足够的领导人才来填补这些空缺，并保持行业领先地位。他们的逻辑框架如下。

目的：

在Y行业的X领域保持第一的位置。

意图：

有足够的人才储备，以填补由于成长、晋升和人员流动而出现的关键职位空缺。

成果：

1.确定组织的关键职位，并确定其优先次序。

2.预测未来的技能需求，确定差距。

3.识别并跟踪潜力大的员工。

4.为所有员工制订个人发展和培训计划。

5.制订接班计划。

一个特别关键的假设条件是，目前的员工有能力和渴望晋升。

管理职业发展

个人和职业的终身发展不是一种奢侈品，而是为我们的职业生涯提供未来保障的必要条件。如果你坚持学习、成长和发展新的技能，你将保持胜任力、竞争力，并能够创造更大的价值。你自己的职业发展战略应该促进职业成长，并提高满意度。你的组织可能提供一些培训，但发展自己的主要责任在于你自己。你的逻辑框架可能如下。

目的：

选择一份富有挑战性的、令人满意的工作，为我的家庭带来改变和提供保障。

意图：

提升我的职业能力、知名度和市场竞争力。

成果：

1. 培养新的领导能力和沟通技巧。

2. 增加对行业/领域问题的了解。

3. 走出"舒适区"。

4. 扩展个人联系网络，以认识更多的"有影响力的人"。

5. 利用网络增加自己的曝光量。

将上面的案例作为创建你自己的发展策略的起点。通过使自己具备独特的、可增值的、被需要的可转移技能，你可以扩展自己的职业可能性，并避免未来遭遇职业风险。

☑ 要点回顾

1. 无论你的目标是远在天边还是近在眼前，确立一个强大而清晰的业务目标总是有用的。展示你自己的目标是如何在逻辑上连接起来的，可以增强他人对项目倡议的理解，并说明为什么你的项目值得支持。

2. 通过提问和回答问题1，为你的项目创建牢固的结构基础。

3. 认识到在逻辑框架中有两个层次的相互关联的"为什么"，即目的和意图，分别是大"为什么"和小"为什么"。

4. 意图表达我们期望项目产生的重要结果或影响。这是项目设计过程中最重要的目标，需要重点关注。

5. 成果集是你对问题的解决方案或利用机会的方法。起初，整个成果集可能还不清楚。先从你确定的一两个成果开始，然后随着规划的进展增加其他成果。注意保持简单。

6. 设计你的最小可行项目，阐明实现最初意图所需的最小结果和假设条件集。

☑ 应用步骤 1

为了使这一步骤和其他步骤取得最佳效果，请一些核心团队成员来参加。你也可以自己做这件事，然后分享结果。

1. 从一份目标清单草案开始。如果有工作范围或其他文件，就从它们中获取；否则进行头脑风暴。将你的目标分为能实现的和不能实现的。前者将成为输入和成果，而后者将成为意图层级和目的层级的目标。

2. 测试项目设计假定的逻辑性（成果与意图之间的联系及有效的假设条件）。进行迭代和改进。

3. 以科学家的方式对待你的项目，将它作为一个精心组织的实验。一套清晰的假定是一个成功项目的结构基础。实施结果决定了假定的有效性。

4. 当更多信息出现，以及在规划和执行过程中获得了新情况时，应足够敏捷地修改项目设计。

☑ 接下来做什么

在第6章中，我们将探讨第二个战略问题："我们如何衡量成功？"你将了解定义成功衡量指标是如何通过确定预期存在的条件以宣布项目成功，从而使目标更加清晰的。我们将展示如何继续填写逻辑框架的各个部分，并改进项目设计的其他部分，因为所有的单元都是相互关联和相互联系的。

第 6 章

问题2：我们如何衡量成功

> 你无法管理你不能衡量的事情。
>
> ——比尔·休利特，惠普公司联合创始人

☑ 制定成功衡量指标和核实方法

目标可能一直是模糊的，直到确定有效的成功衡量指标。

成功衡量指标描述了目标实现时预期存在的条件。尽早阐明这些条件，可以加强你的项目设计，减少以后关于项目目标是否已经实现的分歧。在制定衡量指标的同时，识别用来核实每个衡量指标状态的数据来源。在选择这些重要的指南时要深思熟虑，因为它们构成了项目仪表盘上的监视事项。

成功衡量指标这一术语也有其他名称，包括衡量指标、关键绩效指标（Key Performance Indicators，KPI）和关键结果领域（Key Results Areas，KRA）等。

本章包括一个案例研究，说明即使最复杂的目的也可以清楚地衡量。

☑ 衡量最重要的事情

在项目开始时，设定明确的成功衡量指标有两方面的作用：首先，它加强了项目设计；其次，它可以减少事后对项目是否达到预期目标的怀疑和指责。

在逻辑框架结构中，成功衡量指标出现在第二列（见图6-1）。正如预期的那样，对于每个目标，你通过将指标和目标结合起来，构建一个成功衡量指标。该指标描述了预期的行为、行动或事件的类型。目标通过添加需要实现的量化价值和/或日期，使指标更加具体。显然，可核实的衡量指标才有用。

目　标	成功衡量指标	核实方法	假设条件
目的			
意图			
成果			
输入			

图 6-1　成功衡量指标列描述每个目标的含义

一种常见的衡量方式是"在Y日期之前实现X"或"在Y日期之前实现X从＿＿增长到＿＿"。例如，在9月1日之前实现新产品上市，或在3个月内将客户满意度提高20%。

最佳衡量方法符合以下标准：

1. 有效的——准确地反映了每个目标的含义。

2. 有目标的——包括用数字表示的质量、数量和时间上的目标。

3. 可核实的——可以通过非主观的证据或数据进行核实。

4. 独立的——在层次结构（逻辑框架）中的每个层级都有独立的衡量指标。

项目可能包括可以量化的硬指标和更主观的软指标。我们来看看可能用于你的项目的各类指标。

硬指标

以下是硬指标的示例：

- 在 6 个月内，错误减少 20%。

- 在第二季度之前，质量提高 10%。

- 今年的净利润增加 15%。

- 在 Y 日期之前，绩效稳定在 1 个标准差。

- 在项目开始的 6 个月内，资金增加 30%。

- 到今年年底，客户总数增加 15%。

- 在 1 个月内，将 50% 的材料从 Y 地转移到 X 地。

- 在 Y 日期之前，用 Z 资源达到里程碑 X。

这些示例显示了未来的预期完成日期。你通常可以将它们分解为中期目标，以便持续监测进展情况（如1月底前完成20%，2月底前完成30%，等等）。

许多情况下，与其锁定一个单独的量化目标，不如列出一个范围（"在X和Y之间"）。当几乎没有数据来证明任何具体的数字时，这点尤其合适。你还可以设置最低、期望和延伸目标。例如，6月30日之前增加网站流量的目标：最低目标为10%，期望目标为15%，延伸目标为20%。

一种好的开始方法是简单地具体化指标的类型，但是为数字目标留下空白，除非它们很容易得到。对于探索型项目，通常只有在进一步学习、分析或咨询之后，才能确定每个指标。

在你前行时，请记住，容易衡量的东西并不总是重要的，而重要的东西并不总是容易衡量的。

软指标

软指标是那些无形的或受个人判断影响的指标。它们缺乏明确的满足标准，但当有足够的正面证据和很少的负面证据来证明时，则认为它们已经被实现或满足。但这并不意味着它们没有目标日期。一些示例包括：

- 在 9 月底前，员工士气提高 20%。
- 在秋季学期，新学生将得到比去年更多的帮助。
- 在下个月，改善肉汤的味道。
- 在 3 个月内，减少员工对领导的不满。
- 与去年相比，提高员工每年夏季野餐的乐趣。
- 确保团队沟通有效。
- 加强员工之间的联系。
- 增加会议的坦诚程度。
- 提升团队的心理安全感。
- 让进度回顾会议更有成效。

场景测试可以帮助你识别软指标。想象一下，显示目标已经（或正在）实现的场景是什么样的？当你能够在脑海中描绘出行为或现象时，就能更容易地选择指标。

目标化的指标

为每个指标添加数值称为目标化。从基本指标开始，通过适当的描述详细说明：

- 数量——多少个？多少钱？

- 质量——好到何种程度？性能标准是什么？

- 时间——在什么时候？要多长时间？

- 客户——谁是客户 / 用户 / 受益人？

- 成本——需要哪些资源？

数值目标的设定水平应满足下一个更高层级所需的影响。适当的目标可以从过去的经验、数据分析或谈判达成的协议中获得，以确定什么是现实的、可实现的和有保证的。当所有的方法都无效时，可做合理猜测。

确保你有合理的指标，涵盖目标声明中的每个关键词。回想一下第4章中弗克雷斯特学校项目意图陈述的衡量指标。需要5个不同的指标来捕捉这个多面目标的每个要素。

每个目标需要多少个衡量指标？这要视情况而定。虽然有时一个衡量指标就足够了，但除最简单的目标外，通常需要多个衡量指标来确定所有的目标。选择最少的指标，使你能够足够准确地监控每个目标的进展。

最容易监控的衡量指标位于输入和成果层级，包括任务、进度、成本和取得的进展（挣值）。然而，监控那些最重要的，朝着成果、意图和目的层级上升的指标，逐渐变得更困难。意图层级和目的层级的衡量指标应由主要干系人共同制定并商定，而项目团队负责设置成果的衡量指标。

其他变量和组合

下面的清单阐明了上述两种主要类型的可能变化。

- 单点事件：完成 ISO 认证，达到收支平衡点。

- 时间段目标：在 1 月 1 日至 3 月 31 日获得 X 结果。

- 结果范围：达到最低水平 X，目标为 1.5X，延伸目标为 2.5X。

- 性能目标：减少代码中的错误到少于 X。
- 最低可接受度：至少减少 15% 的客户流失。
- 最高可接受度：客户投诉不超过 2%。
- 当前指标：酒店入住率。
- 领先指标：未来酒店客房预订率。
- 滞后指标：3 个月后的平均水平 X。
- 代理或替代指标：通过花粉计数来计算相对植物数量。
- 综合衡量指标：航空公司每客座公里的收入。

通过增加目标，使模糊的衡量指标变得清晰，如表6-1所示。

表 6-1　通过增加目标使衡量指标更清晰

模糊的	比较清晰的	最清晰的
• 增加销量	• 使销量增加 30%	• 在 6 个月内，使 X 产品的销量增加 30%，一半的增加量来自新客户
• 提升团队合作水平	• 减少团队冲突	• 下个月将医疗护理团队的冲突减少 40%

☑ 确定如何核实

逻辑框架的第三列是核实方法，它确定了有效监视和核实每个衡量指标状态的数据来源或其他方法。

下面是一些示例：

- 直接观察
- 仪器读数或测试结果
- 决策会议（预算批准）
- 财务报告
- 净推荐值
- 行业财务比较

- 员工／管理会议

- 行业调查

- 完成的测试

- 客户调查

- 管理信息系统报告

- 协议书

- 完成的文档

- 挣值分析结果

- 焦点小组

- 行业认证

- 360度反馈

- 项目审查会

- 项目后评价

其他核实方法还包括使用任何衡量或分析工具，如数学、统计和计算机软件而得到的结果。

不要仅靠报告和其他系统生成的信息把握项目脉搏。超越数据库、计算机和正式的状况报告，去挖掘非正式的网络。有时，非正式的谈话比最新报告更能产生深刻的见解。需要创造一个有安全感的环境，以获得坦诚的信息，这点我们将在第11章讨论。

衡量工作在时间、精力和资源方面都是有成本的。因此，首先看看已有的和易使用的方法，然后根据需要调整。有时，获得理想的信息太不现实、太复杂或太昂贵。应该确保识别和监控的成本不超过信息的价值。

逻辑框架的核实方法列，促使你考虑并简要总结将如何生成、跟踪、分析、报告和利用状态信息：

- 谁需要什么信息？为什么？

- 哪些具体衡量指标能提供所需信息？

- 信息的及时性和准确性如何？

- 应该采用什么格式？

- 获得和分享它的最好方式是什么？

仅仅因为你可以衡量一些东西，并不意味着你应该衡量它们。请仔细考虑，选择最合适的衡量方法。

知道了这些内容，我们现在将探索如何扩展目标树，并将其变成一个具有明确衡量指标和假设条件的逻辑框架。

☑ 衡量指标帮助你在备选方法中选择

在第2章中，我们介绍了提升客户满意度的目标树。回想一下，我们在比较3个不同的路径时，团队选择删除一个路径，留下两个第3层级的目标进一步评估。我们继续讨论这个案例。

我们可以将剩下的两个第3层级目标扩展到另一个层级，如图6-2所示。

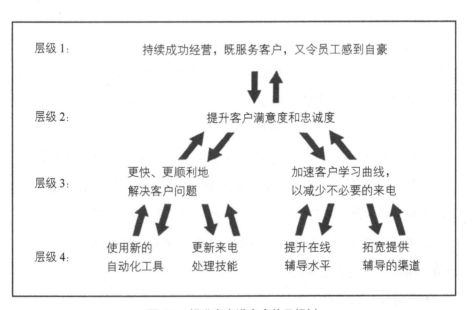

图6-2 提升客户满意度的目标树

这样就可以更好地了解如何实现剩下的两个第3层级目标。你可以决定其中一个或两个，以实现第2层级目标——提升客户满意度和忠诚度，并围绕它构建一个项目计划。

可以选择将第3层级目标都包含在一个单独的逻辑框架中，或者将其分成两个逻辑框架——每个第3层级目标对应一个项目。为了保持逻辑完整，如果我们划分它，那么每个第3层级目标都成为另一个逻辑框架中的假设条件。

对于这个案例，我们选择将其作为一个项目，并将目标复制到逻辑框架的左列，如表6-2所示。然后，我们通过解决其他关键战略问题来填充剩余的单元格。由此产生的摘要，在一页纸上就可以描绘出项目战略的清晰画面。

☑ 特殊类型的指标

如果你知道如何正确使用，那么有两种类型的指标可能特别有用：领先指标和代理（替代）指标。

领先指标

在大多数项目中，取得成果和实现意图之间有一个滞后期。农民在春天播下的种子要到秋天才能结出果实。但在这个过程中，聪明的农民会监测可能成功（或不成功）的领先指标，以便调整计划。土壤太干？多浇水。饥饿的鸟儿虎视眈眈？放上稻草人。

领先指标发挥着重要的预测作用。如果销售团队没有达成每周的客户电话沟通目标，销售目标就无法实现，财务目标也将不能实现。因此，尽早知道客户电话沟通目标没有达成，可以让我们根据需要进行调整。

你是否识别了领先指标？你能获得业务目标已经达成或将要达成的早期证据吗？学会在问题来临之前发现它，并决定如何阻止问题出现！行动领先，结果紧随其后。

表 6-2 提升客户满意度的逻辑框架

目　标	成功衡量指标	核实方法	假设条件
目的： 持续成功经营，既服务客户，又令员工感到自豪	目的衡量指标： 1. 客户数量在___个月内增加了___% 2. 员工满意度在___个月内提高了___% 3. 销售额在___个月内没有下降 4. 利润在___个月内增长了___%	1. 月度销售报告 2. 员工调查 3. 月度销售报告 4. 月度财务报告	为达成目的： 1. 市场情报是正确的 2. 人力资源部门调查的员工需求是正确的
愿景： 提升客户满意度和忠诚度	愿景衡量指标： 1. 前 3 个月的产品退货率下降了___% 2. 前几个月投诉量减少了___% 3. ___%以上的客户在___个月后保留	1. RMA 部门的记录 2. 客服电话记录 3. 月度销售报告	为实现愿景： 产品质量不下降，价格不上涨
成果： 1. 更快、更顺利地解决客户问题 2. 加速客户学习曲线，以减少不必要的来电	成果衡量指标： 1.1 来电的数量减少了___% 1.2 每个来电解决的问题数量从___增加到___，达___% 2. 客户在没有来电的初始使用产品的正确使用产品的能力提高了___%	1.1 服务来电记录 1.2 服务来电记录 2. 新客户销售记录	为产出成果： 1. 新的手机单对客户来说是清晰的 2. 有多个问题的来电百分比没有降低 3. 新客户销售额没有下降
输入： 1.1 使用新的自动化工具 1.2 更新来电处理技能 2.1 提升在线辅导水平 2.2 拓宽提供辅导的渠道	谁： 何时：	资源：	为管理输入： 1. 使用新工具的成本在预算内 2. 培训足够清晰易懂，取得良好效果 3. 在线平台能够处理所有辅导需求 4. 合伙人负责提供更多培训

那些需要频繁调整的边做边学型或敏捷型工作将从领先指标和持续修正中受益匪浅，以便在项目过程中根据需要调整战略。

代理指标

当领先指标太难、代价太高或太不可靠时，选择与感兴趣的项目密切相关的代理（替代）指标。虽然代理指标不那么准确，但通常这是你能做的最好选择。

摇滚乐队范海伦开创了以烟火和复杂特效为特色的高能摇滚音乐会。他们需要几辆大型搬运车，将大量设备从一个城市搬运到另一个城市。根据设置指示在每个新的场地正确地设置舞台是至关重要的，但并不是所有的当地工作人员都认真遵循这些指示。

所以，范海伦乐队在合同中加入了一项条款，规定他们的更衣室里要放置一碗彩色巧克力豆，但要把棕色的拿出去。在演出前几天到达新场地时，他们会先检查巧克力豆。如果没有棕色的，他们可以合理地得出结论，设置指示已经被遵循。如果有棕色的，他们会再次检查所有设备，以确保设备被正确设置。

对于项目难以衡量的方面，可能使用哪些代理指标？如何知道人们是否参与其中并践行了承诺？团队效率如何？与发起人的关系怎样？干系人都支持吗？

☑ 案例：赢得战争后再赢得和平

在担任阿曼苏丹国（以下简称阿曼）南部佐法尔省省长的顾问后，我对逻辑框架衡量复杂目标的能力信心倍增。阿曼是一个阿拉伯小国，与沙特阿拉伯接壤，濒临阿拉伯海。虽然我的这个例子可能与你的工作领域相去甚远，但它说明了精心选择的衡量指标和具有成本收益的核查方法如何使领导者评估实现目标的进程。

20世纪70年代中期，阿曼被来自也门的叛乱分子袭扰，这些人诱使一些当地居民起来反对政府。经过多年的战斗，政府终于找到了一种令人信服的方法来说服叛军放下武器并结束战争：他们给了叛军现金。

在赢得战争之后，佐法尔省省长将注意力转移到"赢得和平"上——这是一项更艰巨的任务。当时，阿曼南部地区的居民主要是没有永久住所的游牧民族。由于降雨模式的变化，牧民不得不频繁地驱赶牛群，以寻找稀少的水源。

政府的战略是通过建设基础设施来鼓励建立稳定的村庄。省长认为，打深井并建设几十个常年供水的水源，牧民就会在固定地点定居，从而建立沟通并促进稳定。似乎这是个合理的假定。

政府还将在每个社区落实其他成果，如学校、诊所、清真寺和市场。这种新的物质和制度基础设施一旦被接受和使用，就会为社会、经济和政治进步创造一个稳定的环境。简言之，其逻辑如图6-3所示。

```
目的 = 为社会、经济和政治进步创造稳定的环境。
        ↑
意图 = 人们接受并使用基础设施，从而永久定居，不再迁徙。
        ↑
成果 = 在固定地点建设基础设施（如水井）。
```

图6-3　项目逻辑

这种方法从未尝试过，也不能保证成功。然而，如果没有能力使用精心选择的衡量指标来跟踪进展，政府将不知道该战略是否有效，或者是否有再次爆发叛乱的危险。

在6周时间里，我指导政府高级工作人员创建了一个主逻辑框架，由印度绘图员在一份1.8米长的牛皮纸文件上用英语和阿拉伯语精心手绘而成。在项目工作期间，我们项目组的工作人员会乘坐直升机、装甲越野车或骆驼前往偏远的村庄，收集基准数据，并与当地居民进行讨论。

阿曼项目的目的具有复杂性和多维度，需要一套全面的衡量指标和核实方法，如表6-3所示。涉及社会条件的衡量指标类别和涉及安全的衡量指标类别充分描述了该目的。注意每个类别下的具体目标。

图 6-3　阿曼实现稳定环境的目的的衡量指标

目　标	成功衡量指标	核实方法	假设条件
目的： 整个南部地区/佐法尔省的社会和经济条件得到改善，环境稳定	目的衡量指标： 1. 识字率提高 能达到三年级读写水平的人口比例从 1977 年的____% 上升到 1982 年____的 % 2. 健康标准改善 受腹泻、肺结核、沙眼和其他高发疾病影响的人口比例从 1977 年的____% 下降到 1982 年的____% 3. 安全状况改善 a. 携带武器的人口比例由 1977 年的____% 下降到 1982 年的____% b. 武装冲突造成的军事事件和伤亡人数比例从 1977 年的____% 下降到 1982 年的____% c. 没有投降的"敌人"数量从 1977 年的____（估计）下降到 1982 年的（实际）零 4. 经济福利改善 a. 截至 1982 年，人均生产活动平均收入达到____ b. 截至 1982 年，收入处于或低于政府定义的"边际"水平的人口比例低于____% c. 截至 1982 年，有____人受雇于畜牧业、农业和渔业 截至 1982 年，有____人受雇于非农业或非渔业的企业	1. 教育部的数字和估算 2. 公共卫生部的数字和估算 3. 国防部的数字和估算 4. 职业健康和员工福利部的数字和估算	1. 佐法尔省的卫生、教育和经济状况改善将使人们增加对政府的支持，拒绝叛乱势力的影响，使国家统一和稳定 2. 保持杰贝尔、内格德和沿海地区的人口稳定，防止大规模移民到塞拉莱是至关重要的。向这些地区提供直接服务，以鼓励永久定居和社区发展

省长参加了我们的会议，团队向他介绍了使用逻辑框架的战略。省长承担了团队无法控制的某些假设条件的责任。该项目是成功的，今天，阿曼仍然是一个进步的、温和的阿拉伯国家。

选择正确的核实方法

这个项目中有一个不寻常的故事，显示了正确的核实方法的重要性。为了阻止某种疾病在特定地区爆发，阿曼卫生部官员计划在12周内为某地区6000人中的95%接种疫苗。他们的核实方法是记录接种的人数，如表6-4所示。

表6-4　阿曼接种疫苗项目的衡量指标和核实方法

目　　标	成功衡量指标	核实方法
成果： 人群接种疫苗，预防疾病	6000 人中的 95% 在项目开始的 12 周内接种疫苗	记录接种的人数

早期的结果令人印象深刻。项目数据显示，4周后，6000人中的4500人接种了疫苗。第5周是5700人。10周后是9000人，是估算人口的150%！

等等！哪里错了？那些负责人聚在一起，得出的结论是人口估算肯定不正确。直到后来，在采访村民时，他们才发现真正的问题。

事情是这样的。实际上只有不到20%的人进行了接种，但这些人一次又一次地回来了。他们错误地假设，一次接种是好的，多次的接种更好。

这个项目的管理者陷入了衡量的陷阱，即衡量容易衡量的（记录接种的人数），而不是衡量和监视重要的。

如果他们通过名字和村庄追踪实际接种的人，就会更早地发现问题。

幸运的是，进行多次接种的人并没有受到严重的、长期的健康影响。项目团队在发现错误后就纠正了他们的方法。

这要归咎于教育不足、核实方法欠妥，以及分析收集数据滞后。教训：确保你有一个有效的方法，以核实最重要的衡量指标。

☑ 要点回顾

1. 请记住，容易衡量的东西并不总是重要的，而重要的东西并不总是容易衡量的。你无法管理你不能衡量的东西。

2. 成功衡量指标包括指标和目标。它们通过描述预期的行为、行动或事件（包括所需的数值和日期）增加目标的清晰度。

3. 核实方法确定了跟踪和核实成功衡量指标的方法。你应考虑并精确地定义如何生成、跟踪、分析、报告和使用状态信息。

4. 指标可以是量化的或"硬的"，主观的或"软的"。过于严苛或代价过大的衡量指标应予以改变。

5. 意图衡量指标描述了你愿意宣布项目成功时的预期条件。应该一开始就设定意图衡量指标，这样你就可以在足以实现意图衡量指标的水平上设定目标。

6. 因为目的、意图和成果是独立的目标，所以它们的衡量指标也必须是独立的。

☑ 应用步骤2

为了继续前进，你需要建立坚实的目标。

1. 回顾你在应用步骤1中达成的目标。确保有清晰的陈述和有效的"如果-就"逻辑，以连接目的、意图和成果。

2. 从意图开始，适当使用质量、数量和时间（QQT）来制定清晰的衡量指标（可能包括客户和成本）。用完整的句子、短语或要点描述每个衡量指标，并选择最具成本收益的核实方法。

3. 确保每种衡量都包括指标和目标。

4. 把它们搁置几天，然后重新审视。通过邀请其他人提意见继续改进你的衡量指标，而不要过早地确定不变。

5. 此外，确定一些与项目团队和管理过程绩效有关的指标。确保这些流程的齿轮轻松转动、顺利啮合，以保持高绩效。

☑ 接下来做什么

许多超出控制范围的因素会使你的项目脱轨。对于这些风险，你能做些什么？这就是假设分析的切入点。假设条件总是存在的，不管我们承认与否。许多项目失败是由于没有很好地识别它们并降低风险。问自己第三个战略问题：还必须存在哪些条件？发现它们是如何将另一块拼图添加到逻辑框架解决方案矩阵中的。

第 7 章

问题3：还必须存在哪些条件

令你陷入困境的不是未知的东西，而是已知却肯定错误的东西。

——马克·吐温

☑ 发现和测试假设条件

项目都是有风险的，成功往往有不确定性。但是，在设计阶段本应预见并缓解的问题，事实上导致太多项目遭受本可避免的失败。现在，让我们来看看，如何通过先确定实现目标必需的主要假设条件来考虑风险。假设条件占据逻辑框架矩阵中的第四列（见图7-1）。

我们将假设条件定义为成功的必要因素，这些因素可能超出你的控制。假设条件被认为是真实的，无论它是否基于过去的经验、数据或直觉。把你脑海中浮现的隐性假设条件写下来，让它们变得清晰。然后检查它们的可能性和潜在影响，再决定如何处理。

发现和测试逻辑框架的假设条件是进行更严格的风险分析的起点。它可以增强你对项目假定的信心，助你高枕无忧。

目标	成功衡量指标	核实方法	假设条件
目的			
意图			
成果			
输入			

图 7-1　管理假设条件以降低风险

☑ 在问题出现之前发现它

马克·吐温说过，最糟糕的假设是我们没有意识到自己在假设，或者没有考虑到它们可能是错误的。这甚至发生在最好的组织中。

美国一家知名的电子公司在硅谷的工厂设计了一套足球场大小的电视设备阵列，打算把它们搬到澳大利亚来转播夏季奥运会。但他们做了一个错误的假设。他们使用北美洲标准的NTSC广播电视制式制造该套设备，却没有意识到其他大部分地区使用的是PAL制式。幸运的是，他们及时解决了这个问题，使每个人都能观看转播比赛。这是一个很好的例子，说明我们自认为的假设条件需要验证。

即使火箭科学家也会做出错误的、尴尬的和代价巨大的假设。1999年，喷气推进实验室的轨道航天器坠毁在火星上。这是由于喷气推进实验室的导航团队使用的是毫米、米和公斤等公制系统，但航天器建造者使用的是英寸、英尺和磅等英制系统。没有人注意到公制和英制单位的转换问题，这个错误造成了1.25亿美元的损失。幸运的是，此后喷气推进实验室获得了一连串惊人的成功。

不同层级的假设条件

逻辑框架促使你超越项目范围的界限，考虑使项目运作还需要什么。请记住，考虑假设条件的初衷是提前发现潜在的弱点——特别是破坏项目的"杀手级"假设条件——并做出相应的调整。

回想一下第4章，假设条件迫使我们根据实施方程式™，将简单的"如果-就"逻辑扩展为"如果-和-就"逻辑。

- "如果"输入和有效的假设条件，"就"成果。
- "如果"成果和有效的假设条件，"就"意图。
- "如果"意图和有效的假设条件，"就"目的。

逻辑框架矩阵的目的是为假设条件分析提供一个焦点。连接每个层级的假设条件的类型不同，如图7-2所示。

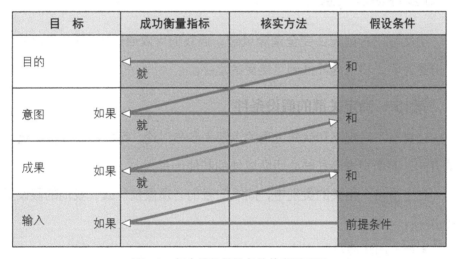

图 7-2 每个层级假设条件的类型不同

- **输入的前提条件。**这些假设条件是启动项目的初始必要条件，如"项目将得到批准和资助"。在逻辑框架的右下角记录这些内容，并在满足条件时删除它们。

- **输入到成果的假设条件。**它们通常与发起人关系、团队问题、沟通、资源、依赖关系和技术有关。考虑所有需要的事情，使项目运行。

- **成果到意图的假设条件。** 它们与用户接受度和允许接受及使用的条件，以及来自其他接口事件或项目的影响因素有关。它们通常是项目设计中最薄弱的环节，事后看来，往往导致了项目失败。
- **意图到目的的假设条件。** 这些假设条件的影响往往更具全局性，涉及更广泛的环境、竞争对手、法规、客户、政策和其他项目，这些都是更广泛的项目集战略的一部分。

每个层级的假设条件都包括一些超出你控制范围的因素、一些你可以影响的因素，以及一些你可以带入项目的因素（如果你选择或需要）。请注意，超出你控制范围的假设条件可能在别人的控制范围之内。所以，如果你能让别人来做这件事，你能做到的事情是没有限制的！

☑ 3步评估假设条件

虽然我们永远无法完全消除风险，但我们可以通过以下3个步骤的假设分析过程，将风险降低到可接受的水平。

第1步：确定关键的假设条件

让具有不同观点和认知过程的人都来参与讨论，可能包括顾问、选定的客户、高级管理者和核心团队以外的其他干系人。

在下面每个相关的类别中，问一问我们必须假设什么？我们的假设是什么？

- 项目团队成员
- 干系人
- 管理支持
- 技术问题
- 市场和趋势
- 人力资源可用性

- 其他资源可用性

- 接口和依赖关系

- 供应商和供应链问题

- 制约因素

- 网络安全和安全问题

- 客户期望

- 团队文化

- 经济和预算

- 公司政治动态

- 潜在政策或法规变化

- 对其他项目 / 目的的潜在影响

- 竞争问题

鼓励人们挑战每个假设条件的有效性。完成后，你会有更高的风险意识，知道要注意什么。

尽可能地核实假设条件。如果你假设，6月鲍勃可以在项目上工作半个月，你最好和鲍勃核实一下。因为他提到过暑期要在黄石公园度假，而他的缺席可能对你的项目造成很大的阻碍。

超越项目范围思考

除了假设外部因素如何影响你的项目，还要考虑相反的情况。你的项目如何影响组织的其他部分？ 如果不考虑更大的系统，就可能带来意想不到的严重后果。

几年前，一家著名糖果公司的IT部门决定升级分销商和零售商订购产品的系统，但他们选择的升级时间与商店订购万圣节糖果的关键时期重叠。当系统升级遇到问题且没有按计划解决时，订单处理能力崩溃了。这导致了重大的销售损失，可能也让许多"不给糖就捣蛋"的孩子对节日感到失望。

发现隐藏的假设条件

一种可行的方法是，想象一下未来的某个时候，项目已经失败了，主要参与者需要思考可能导致失败的原因。我们做了哪些不正确的假设？为什么会失败？我们没有意识到的风险是什么？在最初的计划中，我们可以做些什么来防止这次失败？要特别注意潜在的"撕毁协议者"。经验表明，许多发生在接口、移交、阶段关口和变更请求的风险都是由沟通中断造成的。

突出最重要的假设条件

将每个假设条件表述为一个积极的条件——只有它存在，才能使你的"如果-就"逻辑联系起来。通过添加衡量指标使其具体化，因为模糊的假设隐藏了问题背后的关注点。

循序渐进的细化可以使假设条件清晰、明确，如表7-1所示。

表7-1 假设条件的细化

模糊的假设条件	比较清晰的假设条件	清晰的假设条件
• 管理层支持这个项目 • 有充足的可用资源 • 管理周转时间可接受 • 竞争态势稳定	• 财务副总裁和营销副总裁支持这个项目 • 系统分析师可以协助这个项目 • 及时完成提交审批的交付物 • 竞争对手没有在相同的时间内推出类似的产品	• 财务副总裁和营销副总裁将在 6 月 30 日前从他们的预算中各自为这个项目分配 10 万美元 • 6 名高级系统分析师在 6 月可以协助这个项目 • 交付周期不超过 5 个工作日 • 松下或苹果公司不会在未来 8 个月中推出具有类似功能、价格相同的电子产品

第2步：分析和测试每个假设条件

定义好假设条件之后，可以对其进行测试，以详细调整管理方法。

许多组织已经具备成熟的风险管理系统。例如，假设你正在设计一个全球连锁豪华酒店项目，你应该已经有了这样的风险管理系统。其他情况下，假设条件分析包括基于经验的非正式和主观的估计，这可能已经是我们尽力而为的成果。通常，假设条件分析是主观的，不需要进行量化分析。

仔细思考以下问题：

- 这个假设条件对项目的成功或失败有多重要？
- 这个假设条件有效（或无效）的概率是多少？
- 可以用百分比表示吗？如何表示？
- 如果这个假设条件失效，对项目的影响是什么？
- 是什么导致这个假设条件失效？

在假设条件分析的这个阶段，你可以根据风险对项目的一个或多个关键成功指标的影响，将其评估为高、中、低。对于高风险和中风险，你需要一个风险降低计划。你可以把低风险放在一个观察清单里。处理风险的常规方法是回避、转移、降低、分担和接受。

你还可以构建一个简单的概率影响矩阵，评估每个风险，并估计其发生的可能性。

即使是非正式的，对假设条件的讨论也会揭示一些容易被忽视的、值得关注的问题。

第3步：采取行动

现在到了关键的部分。把每个关键假设条件放在你的心智显微镜下，并考虑以下几点：

- 这是一个合理的风险吗？
- 我们在多大程度上可以控制它？
- 我们能应对它吗？能影响和推动它吗？还是只能监视它？
- 这个假设条件在别人的控制之下吗？
- 以防万一，可以采取哪些补救措施或应急计划？
- 我们如何调整项目设计，使有问题的假设条件影响最小，甚至绕过它？

尽管假设条件被定义为超出你控制范围的因素，但并不总是如此。你可以采取如下一些积极的行动。

- **掌握控制权**。有时候，你必须在项目中加入一个假设条件并使它发生，因为它是关键的，否则项目就不能继续。但这需要更多的资源，并扩大了项目范围。如果你必须这样做，那就做吧。

- **给予控制**。或者，你可以确保它是别人项目中的一个目标。随着你的项目的进展，与别人合作，保证这些假设条件处于控制之中。

- **影响或推动**。虽然超出了你的直接控制范围，但有时你可以影响假设条件，使其朝着正确的方向发展。假设条件示例：我们持续获得高级管理层的支持。你可以定期向高级管理层发送简报来影响假设条件。

- **监视和响应**。当问题超出控制范围时，你最应该做的事情就是密切关注——必要时持续密切关注。广泛浏览组织内外的网络和信息；对重要的信号保持警惕（如利率、竞争对手的动向和大宗商品的成本）；尽可能采取积极的行动。

- **更改项目设计**。添加成果或输入任务，以解决那些恼人的问题；或者创建一个相关项目，以避免任何麻烦的假设条件。

- **准备备用计划**。例如，如果重要物品必须在一夜之间送达目的地，则通过 3 家快递公司各发送一个相同的包裹。如果风暴正在酝酿，那么在风暴来袭之前，钉上胶合板，准备一个汽油驱动的发电机！

- **什么都不做**。保持现状，接受风险。你理性的判断是，它不太可能产生大的影响，而且无论如何也没有可用的资源（或以合理的成本）来管理它。

记住，随着项目的发展，新的假设条件将随着环境的改变而发挥作用。定期刷新假设条件清单，并更新风险登记册。

记录有意义的假设条件

分析完假设条件并记录时，请决定在逻辑框架中突出显示哪些假设条件。不要列出高度确定的假设条件或非常不可能的假设条件（如"某种奇迹会发生"）。相反，记录那些你需要人们关注的假设。

下面的案例汇集了到目前为止涉及的许多概念，包括目标树、阶段切块和逻辑框架。这个项目需要对许多类型的假设条件进行广泛分析。

☑ 案例：对抗亚洲型舞毒蛾入侵

我的电话响了，是吉姆打来的。最近他参加了我的项目规划研讨会。电话里，我能听出他声音里的绝望。

"它们入侵并造成了巨大破坏。必须消灭它们。时间紧急，请帮帮我。"

"吉姆，谁入侵了？"

"这是我最可怕的噩梦。"

"吉姆，谁入侵了？"

"飞蛾！"

虽然我无法想象飞蛾比一件羊毛衫更有威胁，但吉姆却收到了警报。他是美国华盛顿州农业部的首席蛾类专家。

"这不是普通的飞蛾，而是可怕的亚洲型舞毒蛾。它们是飞蛾界的'金刚'，现在正威胁着美国西北地区的森林。它们以幼虫的形式从俄罗斯西伯利亚地区上船，成长为飞蛾，产下更多的卵，并迅速蔓延。它们会吃掉沿途的一切，甚至包括常青树，只留下褐色的树干和细枝。

"天气变暖时，它们的卵很快孵化，像野火一样蔓延开来。美国林业局将投入十几架直升机，在超过160平方公里的土地上喷洒杀虫剂，以消灭它们。我的团队的任务是找到并消灭那些他们遗漏的飞蛾。我们用带有黏性化学物质的纸板诱捕器来吸引飞蛾，它们会被粘住并死去。"

吉姆继续说："我们面临着巨大的挑战。在8周内，我们需要从6人发展到近300人，雇用和培训捕蛾员，建立监测系统，并在19个县引进和部署数以万计的诱捕器。此外，还要告知公众，在直升机向他们的社区喷洒杀虫剂时不要恐慌。而这一切都要通过一个缓慢的政府官僚机构完成。"

"吉姆，为什么要这么做，目的是什么？"

"使森林免受破坏。如果我们失败，经济损失估计将达到540亿美元。"

哇！这是一个技术、组织和政治层面的严重问题。这个项目需要快速启动并迅速开展才能成功。短暂的时间和高昂的失败成本使我们几乎没有犯错的余地。

"好吧，我加入。"

第二天早上，我在一家咖啡厅与吉姆的核心团队会面。当吉姆解释这个项目时，我在餐巾纸上画了一棵目标树，以帮助设想大局和计划背景，如图7-3所示。

中间一列（黑色箭头）的目标是华盛顿州农业部的责任。其他组织负责两侧的目标（灰色箭头）。这些是从华盛顿州农业部的角度来看的假设条件。

自下而上的目标树总结了设置诱捕器如何以"如果–就"的方式在链条上产生连锁效应，从而保护森林，使美国西北地区的生活质量不受影响。我们把这个项目分为4个连续的阶段：

- **动员**。建立监控系统，雇用和培训捕蛾员，设置诱捕器。
- **运作**。确保捕蛾员检查诱捕器，记录信息，并将捕获的飞蛾送到总部进行分析。
- **解散**。在夏季结束时，收集并回收所有诱捕器。
- **评价**。分析项目数据，确定项目的有效性和经验教训。

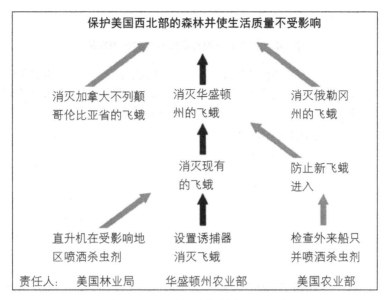

图 7-3 亚洲型舞毒蛾项目的目标树

每个阶段都制定了单独的逻辑框架。4个阶段共享同一目的，但有不同的意图和成果。

☑ 把目标树转化成逻辑框架计划

从目标树出发，我们开始构建动员阶段的逻辑框架，将"保护经济"作为最高级别的目标，并称其为超级目的，以突出该计划的重要性。这也通过在成果层级"钉住"可交付物来保持逻辑链的完整性。

动员阶段的逻辑是：

- **超级目的**：保护美国西北地区的森林、经济和生活质量。
- **目的**：在华盛顿州消灭亚洲型舞毒蛾。
- **意图**：发现并消灭喷洒杀虫剂后遗漏的飞蛾。

为得到成果而选择的切块逻辑是沿着组织路线。他们总结了5个相关组织各自负责的主要成果。此外，他们还将评价作为第6个成果，旨在持续学习和改进。

动员阶段逻辑框架如表7-2所示（不包括输入）。

表 7-2　抗击亚洲型舞毒蛾入侵的逻辑框架

目标 （"如果 – 就" 逻辑层次的目标）	成功衡量指标 （目标实现的条件）	核实方法 （核实衡量指标的数据来源）	假设条件 （成功的附加因素）
超级目的： 保护美国西北地区的森林、经济和生活质量	**超级目的衡量指标：** 飞蛾对环境和经济的损害微不足道	华盛顿州农业部记录	**实现超级目的的假设条件：** 1. 没有未知源头的飞蛾进入 2. 加拿大和美国俄勒冈州的类似项目也很有效
目的： 在华盛顿州消灭亚洲型舞毒蛾	**目的衡量指标：** 1. 截至 6 月，华盛顿州的飞蛾得到控制。没有发现更多的蛾卵或活飞蛾 2. 在港口的入口设置防止新飞蛾、幼虫或卵团进入该州的系统	1. 华盛顿州农业部记录 2. 船舶评估、抽查	**实现目的的假设条件：** 1. 美国农业部的计划成功杜绝了新飞蛾通过港口入境 2. 政府部门通力合作，共同努力 3. 充足的资金与公众和政治支持
意图： 发现并消灭喷洒杀虫剂后遗漏的飞蛾	**意图衡量指标：** 1. 5 月至 9 月，华盛顿州农业部在 19 个县的目标区域建立并运行一个调查和诱捕系统。外勤小组由 51 名主管和 219 名捕蛾员组成 2. 项目工作人员有效地设置 18 万个诱捕器，定期检查，并将捕获的飞蛾送到世界粮食计划署进行鉴定和分析	1. 项目评估 2. 项目记录、诱捕器数据表、华盛顿州农业部报告	**实现意图的假设条件：** 1. 项目团队的管理是有效的 2. 科学顾问小组的建议是准确的（如诱捕器密度） 3. 喷洒区以外的地区没有飞蛾侵扰

如果　就　如果　就

如果

就

续表

目标 （"如果－就" 逻辑层次的目标）	成功衡量指标 （目标实现的条件）	核实方法 （核实衡量指标的数据来源）	假设条件 （成功的附加因素）
成果： 1. 制订计划、系统到位，以迅速启动并成功管理项目(事故指挥官) 2. 获得公众的理解和支持(公共信息官) 3. 招聘和聘用现场工作人员（人事主任） 4. 现场小组部署、训练，并有效操作，设置和检查诱捕器，并运送捕获的飞蛾以进行分析（运营官） 5. 已确定采购所需的物资和设备，以支持诱捕行动（物流主任） 6. 项目评价和改进（全体人员）	成果衡量指标： 1.1 项目第1周，核心团队快速计划以明确目标、商定角色、确定假设，并创建进度 1.2 在整个项目中定期更新计划 2.1 通过多种渠道，如公众会议和800免费电话，让公众知情并获得支持 2.2 立法简报、公众会议、第3周举行媒体会议 3.1 第2周制订招聘计划，雇用7名区域主管和45名地区主管，在第10周的第1轮招聘/培训/部署之前到位 4.1 从第10周开始，进行4轮招聘和培训，然后雇用、指导和部署219名捕蛾员 4.2 月至7月，设置18万个诱捕器；质量控制系统每周检查诱捕器，并将捕获物运送给华盛顿州农业部进行识别 5.1 为所有主管和捕蛾员提供所需的用品和设备。根据需要，每名外勤团队成员都会得到一辆车和无线电通信设备 6.1 项目运作期连续进行定期审查和不断改进 6.2 项目结束时，对整个项目进行回顾，并对捕获记录进行分析	核实方法： 1.1 完成主进度计划及其他项目文件 1.2 更新计划 2.1 电话记录 2.2 简报纪要 3.1 工资记录 4.1 运作审查 4.2 诱捕器数据表、质量控制系统记录 5.1 库存清单 6.1 项目组周会和决策 6.2 评价计划和美国农业部记录	产出成果的假设条件： 1. 团队可以顺利从2月中旬的3人增加到5月中旬的280人 2. 3月15日通过环境评估，项目可以继续进行 3. 有足够的诱捕器供应；信息素（飞蛾的性诱饵）可以及时从欧洲进口 4. 政府的行政系统可以迅速做出反应，以更快的速度雇用人员 5. 华盛顿州州长将在第4周宣布进入紧急状态 6. 在此期间有220名潜在的捕蛾员，愿意以每小时6.25美元的报酬工作 7. 项目组能够激励捕蛾员，人员流动率较低 8. 质量控制系统能有效地发现飞蛾；任何问题都能迅速发现并纠正

☑ 检查关键的假设条件

墨菲定律隐藏在假设条件一列，就像飞蛾隐藏在森林中一样。这是一个由假设条件驱动的项目。成功取决于广泛的有效假设条件，包括环境因素、政治、组织问题、科学因素等。下面列出了其中一些假设条件，以及它们在被评估时引发的问题或行动。

1. 没有未知源头的飞蛾进入。吉姆的团队在发现飞蛾的地方喷洒了大范围的杀虫剂。他们相信，飞蛾早期只来自西伯利亚的船只，但也会对其他可能的来源保持警惕。这是一个需要接受和警惕的风险。

2. 美国农业部的计划成功杜绝了新飞蛾通过港口入境。这超出了他们的控制范围，但除非船只被彻底消毒，否则这可能是个问题。为了降低风险，他们开发并分享了适当的消毒方法。

3. 科学顾问小组的建议是准确的。考虑到相关科学家的声望，国家科学基金会建议的每0.4公顷16个诱捕器被认为是有效的。

4. 喷洒区以外的地区没有飞蛾侵扰。喷洒区以外可能有飞蛾吗？当然。可能性有多大？这就需要猜测了。他们可以通过扩大喷洒区来创建一个缓冲区以减少风险，但成本会增加。

5. 3月15日通过环境评估，项目可以继续进行。如果不通过，项目就会被中止。这不受他们控制，但也许还没有脱离他们的影响范围。

6. 华盛顿州州长将在第4周宣布进入紧急状态。这是与另一个组织的接口。可以为州长起草一份声明并安排记者招待会。

7. 项目组能够激励捕蛾员，人员流动率较低。每周检查多达1000个诱捕器的工作很枯燥。因此，他们为捕蛾员安排了周五晚上的活动，以分享他们学到的东西，庆祝并给予认可。他们的飞蛾标志徽章创造了一种承诺感，重申了每个人在拯救森林、保护经济和生活质量中的角色。

这个项目的结果如何？第4阶段的评估显示，捕获的飞蛾很少，这表明喷洒杀虫剂很成功。这里要强调的是，假设分析与如何识别出额外的必要任务有关，而如果跳过假设分析，就可能错过这些任务。这对你来说也是如此。

☑ 要点回顾

1. 许多项目的失败源于错误的、不规范的、未定义的或未经检验的假设条件，而它们本来是可以预见的。假设条件总是存在的，无论我们是否承认或验证它们。让隐性假设条件变得明确。把它们从你的脑海中找出来，写在纸上。

2. 因为假设条件通常是项目成功最关键的因素，所以花时间来识别、检查和验证你的战略所依赖的关键因素。

3. 使用一个简单的分析矩阵来评估它们。尽早寻找那些会"破坏交易"、扼杀项目的假设条件，并解决它们。

4. 为达到最佳效果，应将假设条件拟定为预期条件。制定适当的衡量指标，并将其置于合理的项目层级。

5. 确定任何假设条件是否属于其他团队项目的一部分。与他们沟通，以尽量减少他们的计划对你的项目可能产生的负面影响（反之亦然）。

6. 你有多个处理假设条件的选项。可以掌握控制权、给予控制、影响或推动、监视和响应、更改项目设计、准备备用计划或什么都不做。

☑ 应用步骤3

通过以下过程检查假设条件，找出已知的和可知的项目漏洞。

1. 确定项目中所有的重要假设条件，特别是关键任务的假设条件。

2. 分析它们的概率和影响，以及你的团队可能出现的偏差或改进的各种方法和成本。

3. 尽你所能去管理。在错误的假设条件带来麻烦之前，加强防御，为它们的到来做好准备，并在必要时与其他委任的干系人进行有效沟通。

4. 建立风险登记册，采取一种跟踪新问题迹象的方法，特别对于高危事件。

☑ 接下来做什么

现在，我们已准备好制订执行计划。如果成果定义得很好，我们就用一种项目规划的形式实现目标。但是，如果成果定义得不太好，或者成果随着项目的发展而不断变化，我们该怎么办？在第8章，我们将讨论第4个战略问题，即考虑如何规划项目的执行。我们还将看到逻辑框架策略是如何作为一个高层级的战略概要，而不是一个详细的行动计划，来支持各种项目生命周期的。

第 8 章

问题4：我们如何才能取得成功

> 让杞人忧天转化为提前思考和规划。
>
> ——温斯顿·丘吉尔

☑ 确定行动步骤

通过深入思考并回答前3个问题，你现在可以更加胸有成竹地制订实施计划。你可以引入指导实施所需的其他管理工具，具体取决于项目类型及遵循的生命周期模型（见图8-1）。

逻辑框架支持各种各样的项目生命周期计划，从高度预测的瀑布型计划到高度自适应的敏捷型计划，再到混合型计划。无论项目类型或生命周期如何，大多数项目都需要在挑战出现时进行调整，并遵循一定的行动学习周期。

目　标	成功衡量指标	核实方法	假设条件
目的			
意图			
成果			
输入			

图 8-1　输入概述实施计划

☑ 从大处着手

　　我原来对项目管理的认识是"这是一个痛苦的过程"。这发生在我大学时期，当时我手工制作了世界上最大的条形图（或甘特图）。如果没能在吉尼斯世界纪录中提及，该项目也值得在项目管理历史中加个脚注记录下来。

　　作为美国西雅图华盛顿大学航空航天工程专业的大二学生，我在波音公司做兼职。该工作被定义为"实操动手项目管理者"，在项目进度计划软件可用之前，需要建立项目跟踪系统，并将引入第一架波音747飞机中使用。当时，这听起来令我非常激动！

　　"实操动手"的真正含义在我上班的第一天就变得清晰起来。当时，有人递给我一卷0.6厘米宽的黑色胶带，并指示我在波音制造工厂地下隧道的白色塑料墙上贴上平行的网格线。毫不夸张地说，墙有1600米那么长！波音公司在美国华盛顿州埃弗雷特的工厂是世界上最大的建筑之———甚至装得下整个迪士尼乐园！

　　顶部的平行线有2米高，我需要踮起脚尖，贴上一条胶带；然后，我需要往下移0.2米，贴上另一条胶带。下面的几行需要爬过去贴；贴底部的一行时，我甚至要坐在冰冷的混凝土地板上挪动酸痛的臀部。你可以想象，让臀部在地板上滑动1600米是什么感觉。到目前为止，我仍然不怎么喜欢"动手项目管理"的说法。他们可能称之为"动手"，但我脑子里有另一个更直观的形象。

在水平线粘贴完成后，是时候粘贴垂直的网格线了，每天一条，直到飞机交付。这意味着我要先踮脚尖够到顶端，再向下弯腰直到碰到脚趾。现在，除了臀部疼痛，我又增加了腰酸背痛。当我完成任务后，波音公司的工程师们在我的巨型网格中填充了文字内容块，确定了让这架飞机得以起飞进入天空的关键路径任务。当然，在今天，一个简单的软件程序就可以很容易地处理这项任务了！

在那条隧道里，工作似乎永无休止，漫长而无聊的日子令人沮丧。直到有一天，一位生产主管带我参观工厂，我近距离观察到了第一架波音747飞机。我真的可以触摸到装配线上组装在一起的这个奇妙的造物。半成品机身的同心加强筋看起来就像一只巨大的、正欲翱翔的翼龙的骨架，正准备穿过巨大的建筑物起飞！

当生产主管解释这架飞机将如何彻底改变旅行方式时，它就像一盏明灯在我的脑海中亮起。我第一次明白了我的工作如何与更大的愿景相关联。我的想法是这样的：

- 如果我建造了这个巨型网格，工程师就可以跟踪这个项目。
- 如果跟踪这个项目，他们就可以推出第一架波音 747 飞机。
- 如果他们推出波音 747 飞机，人们就可以飞得更远、成本更低，去看看世界。
- 如果可以飞得更远、成本更低，去看看世界，人们就可以设计梦想中的生活。

现在，我明白了我的巨型网格如何适应更宏大的计划，明白了我的工作真的很重要，这让我有了深刻的使命感。我觉得自己像那位看门人——1962年，前总统肯尼迪第一次参观NASA时，曾漫不经心地问看门人他在做什么，看门人回答："我正在帮助他们登月！"

我不是漫无目的地贴1600米长的墙，而是帮助推出了第一架波音747飞机，它让全球旅行成为可能！尽管我的工作看起来微不足道，但清晰地看到我的角色如何与更高的愿景相关联，这种激励让我自豪地放下了心中的不满。

你可以在每个项目中创建与重要愿景的关联感。这种触动人心的能力将使你成为一位鼓舞他人的项目领导者。

☑ 多种执行工具的入口

问题1~问题3使逻辑框架能够在高层级项目设计中发挥作用。添加问题4，还可以使其作为实施规划工具。通过将目标、衡量指标和假设条件的更大背景可视化，你现在可以更有信心地制订行动计划。

逻辑框架结构是选择项目所需的执行计划和跟踪工具的起点。

你选择的方法和工具取决于项目的性质，不确定性程度是一个关键因素。不确定性低的项目称为预测型项目，而不确定性高的项目称为适应型项目。大多数项目都具有两者的要素。

图8.2说明了用于预测型项目的常用工具的一小部分示例。其他包括亲和图、控制图、流程图、直方图、矩阵图、思维导图、散点图、检查清单、问题列表、日志等。

对于敏捷型和其他适应型项目，可以添加燃尽图、待办事项列表、冲刺、用户故事、史诗、每日站会、Scrum和看板。

从这个角度，让我们再来探索项目生命周期的种类。

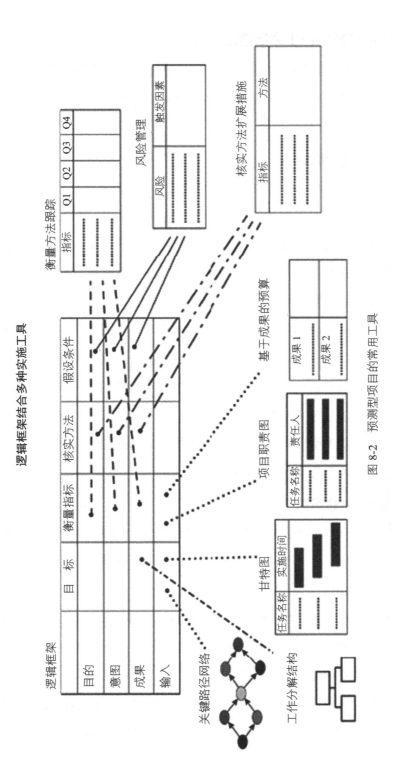

图 8-2　预测型项目的常用工具

决定哪种项目生命周期最适合

以下5种项目生命周期不是非此即彼的选择；最好的选择往往是它们的组合。无论哪种项目生命周期，逻辑框架都是一种很好的前端规划工具。

预测型生命周期

预测型生命周期由已知的固定需求驱动，实施遵循可预测的顺序和关键路径。这种生命周期在建筑或产品开发中很常见，其中3个主要制约因素（范围、进度和成本）在生命周期的初始阶段定义。这种项目由多个阶段组成，这些阶段可以是连续的，也可以是重叠的，一个在另一个基础上构建，以取得最终结果。

你可以一开始就在高层级上规划整个项目，然后按照滚动式规划方法进行。你可以首先完成整个项目的高层级计划，仅对需要在不久的将来完成的工作进行详细计划。对于预测性项目，最初的成果集不太可能需要重大更改。它的不确定性水平较低，因为最佳实践和流程通常来自先前的经验。具有更大不确定性的项目需要更具适应性（灵活），并遵循更具适应性的生命周期之一，如下所述。

迭代型生命周期

当进入一个新项目时，你可能不知道可能的解决方案，甚至不知道问题的严重程度。对于这类一开始并不完全了解范围的高风险项目，迭代型生命周期是必要的。

使用迭代方法，通过规划、行动和评估的多个周期定期合并方向的变化。范围随着项目的进展而发展。每次迭代都揭示影响需求的新信息和经验教训。直到最后一次迭代结束，有一个最终产品交付。阿波罗登月计划就采用迭代方法。阿波罗1~10号飞船的每次飞行都在上一次基础上实施，以提供所需的学习，使阿波罗11号飞船登月成功。

创新通常遵循这种迭代过程。事实上，这就是爱迪生发明灯泡的方式，他进行了数千次实验，直到找到合适的灯丝。他有一个明确的目标，就是用电来生成光。但最初，他并不知道解决方案是什么，也不知道通过何种途径解决。于是，他不断测试、失败、再测试，不断学习，直到最终找到了解决方案。

虽然这种循环可应用于构建物理产品，但它尤其适用于所有类型的知识工作，如研究、组织改进工作和所有类型的变更项目。成果集可以由流程、工作流、泳道和主题领域组成，而不是固定的可交付物。

增量型生命周期

增量方法与迭代方法有部分相同的特征，因为它们都涉及动态需求和工作周期的多个循环。

然而，虽然迭代型项目寻求改进每个新迭代中已经完成的内容，但增量型项目反而以逐个小增量的方式取得相应进展。

随着时间的推移，工作正在逐步展开。活动被设计为每个增量只执行一次，每个新增量都添加额外的功能。以开发一个功能齐全的网站为例。每次迭代都为网站添加新功能，而在项目结束时将完整的网站交付给客户。写书也遵循这种方法，每章都通过多次修订逐步完善，直到高质量的原稿完成并提交给出版社。

适应（敏捷）型生命周期

敏捷方法越来越受欢迎，并且在其诞生的软件行业之外广泛应用。使用敏捷方法，团队通过短反馈循环和频繁的增量调整在简短的迭代中完成计划。

敏捷过程涉及识别和测试期间短、规模较小的假设。敏捷的主要吸引力在于它具有高度适应性，因此可以随时随地学习、升级。当没有从头到尾的详细计划时，这会很有用。敏捷背后的哲学对于任何具有动态特征的项目都很有用，就其本质而言，动态特征包括在项目进程中持续发现、学习和阐明。

敏捷结合了迭代和增量，但迭代冲刺时间更短，通常每次持续2~4周。

例如，如果你正在为iOS系统或Android系统开发智能手机应用程序，你可能将项目划分为8个连续的冲刺或迭代。每个冲刺都以发布（交付可工作的产品）告终，每次你都可以向客户展示。

敏捷非常适合范围难以预先定义并可能快速变化的项目。工作及范围的频繁变化是在短而快速的冲刺中处理的。根据需要，这些冲刺可以顺序发生或交叠发生。由于冲刺持续时间短和变化频繁，风险得以最小化。

团队成员之间的简短日常会议（也称站会、早上点名会或每日例会）可使计划保持活力。

混合型生命周期

以上不同生命周期的某种组合通常最终成为最佳选择。

混合型生命周期可以预测那些工作被清楚地理解和明确定义的领域，并且适用于项目中范围未被充分理解或事先没有明确定义的部分。确定你的关键成果或工作流程，然后将它们整合到整体方法中。

你选择的生命周期和流程需要与相关系统、组织文化和业务性质相结合。

通过一路创新，发现什么最有效。记住史蒂夫·乔布斯关于简单的建议：不要把事情复杂化。使你的系统适合环境，演进、适应并简化。

值得强调的是，作为前期设计过程，关注逻辑框架是如何支持所有这些生命周期的。始终参考逻辑框架的前3行，尤其当你发现自己添加的特性或功能增加了不必要的复杂性，却价值很小或没有价值时。

与范围蔓延作斗争

在项目执行期间，逻辑框架还充当重要的锚定参考点。它有助于简化和避免范围蔓延（扩大项目范围或规模的附加任务）。除非能够证明添加更多任务可以直接影响成果和意图，否则范围蔓延没有存在的理由。它还提醒团队不要分心，不要在不推动他们前进的活动上浪费精力。

☑ 管理正在进行的战略行动周期

所有项目都以某种方式在结构化的审查和改进循环中推进。工业中常用的著名的PDCA［计划（Plan）—执行（Do）—检查（Check）—行动（Act）］循环就是一个例子。让我们建立一个更具包容性的项目周期模型，从战略/项目集重点开始。

战略行动周期的4个要素是思考—规划—行动—评估，如图 8-3 所示。

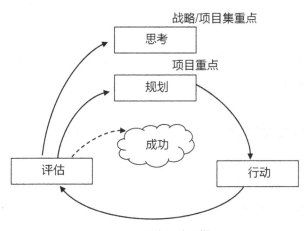

图 8-3 战略行动周期

思考从战略/项目集视角出发，定义了目标，并确定了优先项目。该要素可由高级领导者执行，并将成果交给其他人执行。批准的项目随后从思考框进入规划—行动—评估循环，项目团队在那里接手。

以逻辑框架为持续参考来规划项目，确保项目设计在逻辑上与目标相关联。

根据你的计划采取行动并实施，但要保持敏捷。

定期从当前的日常工作中退出来评估进度，并根据需要重新定向。评估决定是否需要调整方向。

调整意味着改变方向。看一看迈克尔·乔丹、勒布朗·詹姆斯或任何篮球巨星的比赛，如果在前往篮筐的道路上遇到障碍，他们会暂时停下来，迅速评估他们的选择，然后通过传球给空位的人或投篮来采取相应的行动。评估模块以以下3种可能的方式完成循环。

3种方式的评估——监视、审查和评价——应该纳入每个项目计划。这3种方式在频率和用途上有所不同。

每个项目都以不同的频率在这个循环中运行多次。一些项目组件有自己的节奏和节律。

把图 8.3 中的循环想象成一个时钟，3只指针都啮合在一起，以不同的速度旋转。当团队有每日会议或每日Scrum（监视）时，秒针循环最快。分针随着每2~4周的冲刺（审查）而前进。在每个项目阶段（评价）中，时针走得最慢。

☑ 使项目保持在正轨上

你可以通过将3种方式的评估付诸实践来确保项目顺利进行。

评估实践1：监视

监视是对成果交付进展的持续最底层跟踪。这涉及使用真实收集的数据，并且可以像敏捷站会一样每天频繁发生。

大多数项目的动态需要采用多种监视手段，才能对正在发生的事情形成可行且有用的图景。实时数据来源的例子有：

- 积极与任务经理沟通。

- 查看消息和报告。

- 监视与关键成功衡量指标相关的实时或近乎实时的数据。

- 与关键干系人接触。

- 监视可交付物的状态。

- 检查项目仪表盘和其他跟踪工具上的指标。

评估实践2：审查

监视在问："我们走在轨道上吗？"审查则在问："我们走在正确的轨道上吗？"环境或项目越不稳定，越应频繁地进行审查。

审查意味着从日常工作中退后一步，重新评估你的方法。它挑战并欢迎对项目设计进行更改，尤其从成果到意图的假定。审查应在里程碑完成、主要决策时点及过渡到计划的下一阶段时进行。对于多阶段项目，每个阶段结束时的正式审查能够做出是否继续进行及如何进行的明智的"开始/放弃"决策。

以下是一些项目审查问题：

- 我们取得了哪些进展？（挣值）

- 出现了哪些问题？

- 我们对问题的理解发生了怎样的变化？解决方法是什么？

- 该项目仍然（与战略）相关吗？

- 预算和进度的状态如何？

- 干系人关系如何？

- 我们有可能通过这个计划实现意图吗？有没有更好的办法？

- 我们现在需要采取什么行动？

审查通常导致更新计划并继续循环。审查可能得出结论，即使没有完成所有成果，项目也已获得意图定义的成功。如果审查得出结论，该项目不再可行，则需要采取"重新思考"策略。

如果事情偏离了轨道，审查不是"玩责备游戏"。假设别人的意向是好的，即使他们搞砸了。你所做的应该是解决问题，善待团队。

每次审查后刷新计划。更新逻辑框架，以记录主要设计更改的演变。你可以添加修订号和日期，使其成为可以集成到正式系统中的控制文档。

评估实践3：评价

项目完成后进行评价。审查意图和目的层级成就的证据，以及商业论证或项目理由中概述的其他期望。

- 什么是对的，为什么？出现了什么问题，为什么？
- 有什么证据表明该项目有所不同？
- 是否值得投入时间和金钱？
- 如果再做一次，我们会做哪些不同的事情？
- 我们对实施过程的管理水平如何？
- 我们的整体战略有多成功？
- 我们学到了什么值得学习的东西？

确保识别、记录和整合可操作的经验教训，以备将来使用。

项目完成后，团队成员有很多理由回避评价步骤：太累了、太忙了、重新分配了、晋升了、降级了、继续干活了等。通过在项目计划中建立评价里程碑来防止这种情况发生，则从一开始期望就很明确。

☑ 要点回顾

1. 逻辑框架是一种项目前端设计工具，可用于各种类型的项目生命周期。使你的逻辑框架成为高层级摘要，而不是详细的行动计划。

2. 逻辑框架结构提供了极大的灵活性，并与任何项目阶段同步。一旦成果明确，输入就可以是说明性的，而不是决定性的。它们只是使用其他任务管理工具进行更详细规划的简单起点。

3. 遵循战略行动周期和思考—规划—行动—评估的持续循环，让你的项目向前推进。每个方面都有自己的频率和节奏。

4. 你不必对项目的所有部分使用相同的方法。使用最适合项目各个部分的方法。混合型通常是最明智的选择。

☑ 应用步骤 4

现在只需要确定，为了成果，你将如何最好地推进。

1. 选择最适合项目的生命周期逻辑。

2. 对于简单的预测型项目，确认成果是达成目的所需的必要和充分的集合。然后列出每个成果的关键活动，每个成果5~7个活动，这样你就不会不知所措。使用甘特图或网络图确定任务序列，并确定每个任务所需的资源。

3. 对于适应型项目，将需求分解为多个切块，在可交付物清单中对这些需求进行优先级排序，决定需要多少次迭代，并对持续的变化保持开放态度。随着时间推移，项目范围和解决方案将越来越明确。

☑ 接下来做什么

现在，我们已经深入研究了逻辑框架的技术方面和4个关键战略问题。在第3部分，你将学习如何将其付诸实践并顺利启动项目。第3部分还包括管理你的"内心游戏"（Inner Game）、与干系人合作、为顺利启动项目奠定基础，以及使用逻辑框架流程管理你的人生和职业生涯。你还将看到一个可在团队、群体、部门或组织范围内应用的简单的战略更新流程。

第3部分

将概念付诸实践

前面的章节通过将4个关键战略问题的答案插入逻辑框架结构来指导你设计项目。第3部分介绍了获得你所寻求的成果的其他基本要素。

第9章 详细介绍了如何快速、顺利地启动项目。

第10章 探讨了如何通过管理思维方式提高效率。

第11章 探讨了通过理解、关心和沟通管理团队动力的方法。

第12章 邀请你在自己的生活中将这些概念付诸实践。

第 9 章
让项目起步

> 让杞人忧天转化为提前思考和规划。
>
> ——温斯顿·丘吉尔

如果你带着特定的项目阅读本书并渴望开始，本章就为将你的项目付诸行动奠定了基础。

最重要的第一步是从战略、业务、技术、文化和政治的角度检查项目。这种理解对你很有帮助。

现在是时候开始将核心团队聚集在一起，与主要干系人建立联系，将项目想法公之于众，并准备两个关键会议：一个制定逻辑框架的项目设计研讨会，以及一个推出逻辑框架的项目启动会。

你还将看到如何更新或调整战略的案例研究。这种方法适用于所有战略规划、战略细化和组织改进举措。

☑ 从震荡到成熟

我们都希望迅速启动项目，并尽早获得充足的动力。但我们也知道，成功的迅速启动很少见。是什么导致了启动失败？我们可以做些什么来避免它？为了理解这一点，我们求助于心理学家布鲁斯·塔克曼的经典团队发展模型，如图9-1所示。

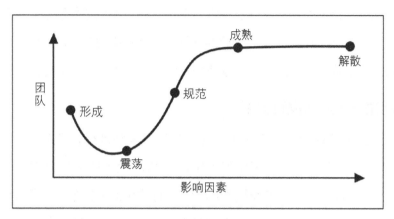

图 9-1　团队发展的 5 个阶段

塔克曼确定了团队发展的5个阶段。他将这些阶段称为形成、震荡、规范、成熟和解散。

形成阶段存在不确定性，高度依赖项目领导者的指导。角色和职责尚未明确，领导者可能提出有关项目范围的问题。在这个初始阶段，项目领导者担任指导者。

震荡阶段出现在项目团队形成之后，这是项目最常经受失败的阶段。在这个阶段，人们争夺好的位置，或者试图篡夺领导者的权威。一些人质疑这个项目的价值，另一些人可能抵制他们的角色。不同的工作方式可能产生冲突和挫败感。我们希望团队能够经受震荡，但要以健康的方式进行。这也是项目领导者转变为引导者的阶段。

规范阶段出现在团队达成一致、形成共识时。现在，团队成员角色已经明确并被接受，连贯的方法形成，团队"化学反应"开始发生。

项目团队随后进入成熟阶段。团队开始协作制订和实施计划。团队内部的分歧得到积极解决。团队成员的工作与领导者相对独立，领导者的角色转变为监视和协调项目。

项目完成后，项目团队即进入解散阶段。在团队解散之前，项目领导者与团队一起庆祝，并举办结束活动。

你的目标是尽可能顺利并迅速地从形成阶段过渡到成熟阶段，同时确保建立良好的人际关系，并制订合理的计划。逻辑框架对这些阶段的支持体现在提供一个结构来指导对话、有效地分享想法和创建一个可执行的计划。

创建一个启动逻辑框架

一个经过验证的前端工具可以让你的项目顺利进行，它是……一个启动逻辑框架！这种类型的逻辑框架突出了启动项目所需的更广泛的任务和问题。表9-1中的示例有6个成果，但只有成果3与创建项目逻辑框架本身有关，并由团队完成。该逻辑框架用于你自己的战略制定，你可以共享或不共享。

表 9-1　启动逻辑框架示例

目　标	成功衡量指标
目的： 项目成功	1. 项目在预算范围内按时达成确定的目标 2. 团队享受这次经验：学习、成长，并感到满意
意图： 团队顺利、迅速地启动	在＿＿＿＿天内组建团队，团队制定并同意启动逻辑框架中的方法，然后接受他们的任务职责，并积极工作
成果： 1. 项目团队已组建并开始运作 2. 干系人分析已完成 3. 初始项目逻辑框架已制定 4. 支持工具和流程已制定 5. 执行和监控系统已到位 6.（根据需要提供其他成果）	1.1 根据＿＿＿＿确定并招募关键团队成员 1.2 根据＿＿＿＿团队成立并召开首次会议 2.1 关键的干系人和他们的利益被＿＿＿＿确定了 2.2 确定谁要参与开发项目逻辑框架，以及如何让其他干系人参与进来 3.1 由＿＿＿＿团队构建了该项目的逻辑框架 3.2 逻辑框架包括目标、成功衡量指标、假设条件和核实方法，并符合良好逻辑框架的质量标准 4. 团队根据＿＿＿＿的需要创建工作分解结构、甘特图和／或职责图 5. 团队决定如何监视进展、向他人报告、调整计划等

为富有成效的项目启动做好准备

根据需要修改以下步骤，以获得你寻求的平稳开局，在团队达成一致的同时建立承诺和动力。

审视更广泛的背景

当第一次接手一个项目时（或创建你自己的项目），你首先要了解它在更大的组织环境中的位置和运用方式；它将如何支持其所属的业务领域；哪些文化和政治因素对它很重要。

虽然一些背景信息可以在商业论证（如果已经创建）等文档中找到，但通过咨询高级干系人，你可以获得更深入的洞察。一些有助于评估背景的问题如下。

- 为什么现在做这个项目？它背后的历史是什么？
- 它如何融入更大的项目集或战略项目组合？
- 紧迫程度如何？
- 哪些干系人对项目拥有合法的权力和影响力？
- 最重要的顺序是什么：时间、金钱、质量或范围？
- 边界、风险和制约因素是什么？
- 你会被分配一个团队，还是必须招募？
- 如何衡量成功？由谁衡量？

在项目启动之前就与干系人协商，以了解他们的期望，并防止出现意外，避免在不顺利的启动会议后不得不重组。

咨询过干系人之后，你可以根据目前的理解，开始制定项目战略的粗略逻辑框架草案。努力确定目的和意图、相关的衡量指标及主要任务和风险。从高级干系人那里获得反馈。或者，你可以等到核心团队就位时举办项目设计研讨会。

组建并吸引核心团队

核心团队是值得信赖的支柱，他们需要持续推动项目进展。在你的项目中，他们可能是谁？有时他们被分配进来，有时必须招募他们。不需要一次确定每个团队成员，但你应该尽早找到一些优秀后备队员。以下是组建团队时需要回答的一些问题：

- 谁拥有完成工作所需的技能？
- 我们还需要哪些技能或视角，谁拥有这些技能或视角？
- 出于政治原因，将谁包括在内是明智的？
- 谁的参与会给项目带来更高的可信度和知名度？
- 谁可以帮助我们访问信息和其他资源？
- 对于每个潜在的团队成员，他们为其他项目工作时的履历如何？

确定关键参与者和所需的工作关系，并建立核心团队。无论他们是被分配的还是你招募的，请与每个人建立联系。描述项目到底是什么，解释为什么你希望他们加入你的团队，并寻求他们的帮助。从一开始就建立积极的工作关系。

一旦向团队简要介绍了他们的任务（如果他们选择接受），你就已经准备好举办项目设计研讨会。

☑ 举办项目设计研讨会

召集核心团队，并按照第4~8章的步骤操作。邀请项目发起人或资深人士主持会议。

通过阅读本书、查看培训材料或听取你的介绍，确保每个人都熟悉这些规划概念。

如果你亲自主持会议，请将团队聚集在会议室，在那里你可以在白板上写下想法或在墙上贴上便利贴，然后填充逻辑框架单元格。

以前面介绍的4个关键战略问题为指导。当前3个问题得到充分解决后，继续制订行动计划，确定任务、时间计划和职责。项目规划软件这时很有用。

当逻辑框架完成并令团队满意时，你的团队和关键决策者可以选择：

- 以最小化风险或制订应急计划的策略推进项目。
- 进行更严格的分析。
- 修改项目。
- 推迟决定。
- 选择不做项目。

如果不能让团队集中在白板旁，就用虚拟规划会议来实现吧。

虚拟在线逻辑框架设计技巧

精心设计和引导的虚拟规划会议可以非常有效。《掌握在线会议》（*Mastering Online Meetings*）的作者迈克尔·弗莱登伯格提供了以下提示。

在在线文档或虚拟白板上设置你新建的逻辑框架，以便团队成员协作和编辑同一文档。这模拟了团队聚集在白板前共同编辑同一个逻辑框架的过程。

确保每个人都可以根据需要共享文本文档、电子表格、调查和投票。考虑使用支持共享创作的思维导图软件，以便进行头脑风暴，并组织输入逻辑框架的想法。

理想情况下，每个远程团队成员都应该有两台计算机显示器。这样，他们就可以在第一台显示器上打开视频会议，在第二台显示器上打开共享的逻辑框架和其他文档。

有些讨论太长、太复杂，无法在实时视频会议中进行。团队可能需要在达成共识之前共享大量细节。幸运的是，有一些异步工具可以满足这种需求，如博客、维基和讨论板。它们允许所有团队成员访问和处理项目，但时间不同。这让你有机会在项目设计研讨会前召开会议。

当团队使用在线协作软件或墙壁大小的逻辑框架网格合作充实项目战略时，他们的工作效率会大大提高。你试一试就会发现这一点。

聘请中立的引导者

对于具有战略意义的、复杂的、巨额的或政治化的项目，明智的做法是聘请具有逻辑框架知识和项目设计经验的外部引导者来指导你的项目设计研讨会。

合适的人选具备沟通技能，因此他们可以确保对话清晰和完整；具备解决冲突的技能，因此他们可以调解达成一致和结束冲突；熟悉各种流程工具，因此他们可以调整流程以满足团队的需求；对项目有足够的了解，因此他们能够跟上团队的步伐，同时对内容保持中立。这项前期投资将带来丰厚的回报，让你顺利开始，并减少未来的困扰。

☑ 召开项目启动会议

计划你的项目启动会议，以争取更大群体的参与。参与者包括核心团队成员，以及高层领导者、主题专家、支持人员、实施人员和将要参与项目实施的其他干系人。

展示来自项目设计研讨会的逻辑框架。如果你在征求关键干系人的意见方面做得很好，那么你的计划制定的基本战略就不会有太大分歧或改变。

你的目标是一开始就让所有干系人对你的项目建立共同的理解和支持。要更深入地了解该主题，请参阅哈桑·奥斯曼的《项目启动：如何以简单的步骤举办成功的启动会议》（*Project kickoff: How to Run a Successful kickoff Meeting in Easy Steps*）。

启动会议应涵盖以下主题：

- 项目目标和成功衡量指标

- 团队成员和结构

- 角色和职责

- 高层级进度计划

- 商业论证的重要发现

- 范围和边界

- 沟通计划

- 主要假设条件和风险管理计划

- 信息共享和报告

- 制约因素和依赖关系

- 资源和预算

- 要使用的技术工具

- 变更管理流程和升级路径

- 决策授权

- 项目和更大项目集的关系

- 可能产生影响的公司动态

☑ 尽早使干系人参与

人们支持他们帮助创建的东西，所以要尽早让关键干系人参与进来。
可提出以下问题，以确定他们是谁：

- 我们这样做是为了谁？（客户或最终用户）

- 谁真的希望看到这种情况发生？（拥护者）

- 谁可能反对？（妨碍者）

- 它还会影响谁？（间接受益者和／或受害者）

- 我们需要谁的专业知识和支持来执行项目？（实施者）

- 我们需要什么资源？谁来控制它们？（把关人和推动者）

- 谁为这种努力买单？（发起人）

- 出于政治原因，将谁包括在内是明智的？

- 谁的参与会给项目带来更高的可信度和知名度？

分析干系人的利益

你的目标是一开始就为项目建立支持。可使用如表9-2所示的干系人分析矩阵作为指导。

表 9-2　干系人分析矩阵

干系人	问题与利益	所需支持程度			预测支持态度		
		至关重要	很重要	不重要	支持	中立	反对

首先，尽可能确定每个干系人与项目有关的问题与利益。

其次，确定你需要从每个干系人那里获得的支持程度，以及你预测将获得的支持态度。可能需要进一步讨论来确定这一点。这样，你可以决定如何最好地让每个人参与初始规划和后续阶段。

最后，分析所需支持程度和预测支持态度之间的差距。如果干系人的支持至关重要或很重要，但你预测干系人是中立的或彻底反对，你的选择是：

- 感染他们——让他们对愿景充满热情。

- 说服他们——用理性的话语说服他们。

- 包容他们——将他们的担忧纳入你的解决方案。

- 与他们交易——承诺将来"还他们一次"。

- 向他们施压——使用合法的权力来减少阻力。

- 爱他们——用你的影响力来善意引导他们。

如果这些方法不起作用，你剩下的选择是：

- 搁置他们——通过将项目与他们的反对隔离，让他们变得无关紧要。

- 忽略他们——虽有担忧，但无论如何都要继续前进。

表9-3是我们在第7章中介绍的亚洲型舞毒蛾案例的干系人分析。

表 9-3　亚洲型舞毒蛾项目案例的干系人分析

干系人	问题与利益	所需支持程度			预测支持态度		
		至关重要	很重要	不重要	支持	中立	反对
1. 州长办公室	最小化公众的反对	√			√		
2. 议员	代表选民利益，透明化，积极监管	√				√	
3. 卫生部	确保安全和健康		√			√	
4. 农业界	最小化农民成本	√			√		
5. 华盛顿州农业部	招募急需的员工	√				√	
6. 生态学家	恢复健康的交互网络；最小化对非目标物种的附带损害		√		√		
7. 蝴蝶收藏家	最小化对非目标物种的附带损害		√				√
8. 公众	安全	√					√
9. 媒体	通知公众	√				√	
10. 飞蛾	生存			√			√

州长和农业界全力支持该项目。可能叫停该项目的生态学家一致希望在美国西北地区消灭这种害虫，并且不使用破坏性杀虫剂。

但在所需支持程度方面，出现了几个令人不安的差距。立法者的支持至关重要，但最初预测为中立，因为立法者尚未理解紧迫性。这表明需要亲自向他们介绍情况，并赢得他们的积极支持。

公众的支持也存在差距。他们的支持至关重要，因为低空飞行的直升机很快就会嗡嗡作响，并喷出神秘的薄雾。媒体的合作对于告知公民问题的严重性而不至于引发恐慌至关重要。具有政治影响力的蝴蝶收藏家最初反对这项努力，但在项目团队增加资金以补充蝴蝶种群后给予了支持。

有一组干系人特别强烈反对该项目：飞蛾。幸运的是，项目不需要它们的支持。

☑ 创建高绩效文化

团队文化和"化学反应"可以造就或破坏一个项目。因此，从第一天开始，就非常值得投入时间和精力来营造良好的氛围。了解每位团队成员，并帮助构建他们之间的良好关系。在一个大家喜欢聚在一起并完成伟大事业的团队中工作，对所有人来说都是有益的。

在早期会议中，讨论团队在合作时将遵循的最佳实践和规范。不要抓取现成的最佳实践列表。相反，利用团队的经验来发展自己。惠普公司的乔·克罗宁就是一个榜样：他承认自己早年犯过错误。然后，他询问团队成员，在他们最成功和最令人满意的项目中，哪些方面有效。团队将这些内容提炼出来，并承诺遵循这些做法。然后，团队就取得了成果。这种认同过程有助于建立心理信任，并产生团队精神。

明确职责

> **令人困惑的项目团队**
>
> 4个名为"每个人""某个人""任何人"和"没有人"的人一起工作。一项重要的成果需要管理，并且每个人都确信某个人会去做。任何人都可以做到，但实际上没有人做到。某个人生气了，因为这真的是每个人的工作。每个人都认为任何人都可以做到，但没有人意识到某个人不会。事实证明，当没有人做了任何人都可以做的事情时，每个人都责怪某个人！
>
> ——佚名

看起来有点熟悉？当重要的事情由于沟通不畅或协调不当而落空时，人们就会产生责备、浪费精力和酸溜溜的感觉。当任务涉及多个人时，通常很难区分角色和职责。幸运的是，有一个简单的工具可以帮助我们：线性职责图（Linear Responsibility Chart，LRC），如表 9-4 所示。LRC 是常用 RACI（Responsible、Accountable、Consulted、Informed，负责、担责、咨询、通知）责任分配矩阵的扩展版本。

表 9-4　线性职责图显示行动和行动参与者

线性职责图的一般格式							
输　入	**职　责**						**职责规范**
行动步骤	姓名	姓名	姓名	姓名	姓名	姓名	R= 负责做
							P= 参与
							C= 可以咨询
							I= 必须通知
							A= 批准

线性职责图显示：

• 所有任务或行动步骤（沿列）。

• 参与项目的所有个人或组织（沿行）。

• 项目任务中所有人员的职责（矩阵单元格中的字母代码）。

可以使用简单的字母代码来确定每个角色的职责。

• R：负责做（可委托）

• P：参与

• C：可以咨询

• I：必须通知

- A：批准

你可以将线性职责图转换为每个人或项目实体的叙述性工作描述。

明确决策权

通过确定谁做出何种类型的某些决定，以及谁可以影响这些决定，可尽早减少主要的潜在冲突源。明确决策权可以避免困惑、沮丧和误解。

☑ 何时调整战略

无论是受外部环境的影响，还是决策，转变业务或运营（战略更新）的能力是一种真正的竞争优势。战略更新的一些必要原因包括：

- 市场发生剧烈变化。你正在失去客户。由于颠覆性技术、聪明的竞争对手、流行病或其他不愉快的意外，你需要一次紧急的、精心策划的转向。

- 目前的战略已过时。就像自制面包一样，战略的使用寿命会随着时间的推移而缩短。如果战略不再有效，请将烤箱调至 350 度，然后烘烤下一批面包。

- 新领导加入董事会。他们带来了新的视角和视野及盲点。将他们的愿景与现有内容相结合。

- 一心多用。一句古老的谚语提醒我们，追逐两只兔子的人会同时失去两只兔子，三心二意终将一事无成。简化并聚焦于做你最擅长的事情。

- 高压。客户、高级管理层或让你焦虑的老板对你的运营期望更高。压力迫在眉睫，你必须成功交付成果。

到目前为止，我们已经从项目或项目集的角度讨论了逻辑框架。但它也可用于通过"快速而整洁"（与"快速而粗糙"相对）的战略更新流程来升级、调整或转变企业、部门、团队或团队级别的绩效。

这个流程从情况分析开始，得出一组精心定义的行动计划。下面的案例重点介绍了分析的选定部分，并展示了逻辑框架如何支持组织单元的重建。

☑ 案例：提升团队绩效

洛斯阿拉莫斯国家实验室（以下简称LANL）是一个拥有8000多名员工的美国政府研究机构，位于美国新墨西哥州北部的崎岖山区。LANL负责：

- 确保美国核武器储备的安全性和可靠性。
- 开发降低大规模杀伤性武器或恐怖主义的全球威胁的技术。
- 解决能源、环境、基础设施、健康和安全方面的国家问题。

LANL的地理信息系统（以下简称GIS）团队由25人组成，为各种实验室客户制作复杂的定制化地图。

一场毁灭性的野火席卷实验室，烧毁了500多所房屋，并威胁到实验室的关键设施，因此 GIS 服务的重要性变得显而易见。GIS被要求全天候工作，在形势迅速变化的情况下为消防员提供地图。尽管团队交付了成果，但混乱的经历暴露了他们运作方式的严重缺陷。他们迫切需要改进。

GIS主管邀请我参加为期两天的规划研讨会。他很快就会升迁，担任更高的职务，并希望确保他的团队拥有必要的程序和流程，以提供优质的产品和服务。

本地化使命

对于任何组织单位，定期重新审视、改进甚至定义它们为什么存在都是有价值的。我称之为本地化使命。这在大型组织中尤为重要，在这些组织中，任何特定工作单位与其对整个组织的贡献之间的联系可能不明确、不可衡量或并非最优。所需的调整越重大，这一步就越重要。

在项目逻辑框架中调整目标的相同因果逻辑也适用于任何组织单位。经过热烈讨论，GIS 团队制定了如下涵盖其运营单位的目的和意图的声明。

- **目的**：内部客户对 GIS 提供的产品和服务感到满意，并使用 GIS 提供的产品和服务做出明智的决策，以支持实验室的良好环境管理。
- **意图 / 使命**：有效地为各种决策者提供满足其需求的地图产品和服务。

注意这两个目标之间明确的因果关系——如果我们提供，客户就会使用。另请注意，它们很容易被衡量。该团队为每个主要目标选择了几个关键成功衡量指标，以及额外的目标/措施（如表9-5所示的矩阵）。

表 9-5　GIS 关键成功衡量指标 / 核心策略矩阵

关键成功衡量指标	核心策略							
	1.运作行为	2.已知精度和线性的数据	3.持续的流程改进	4.市场营销	5.客户反馈	6.客户培育	7.团队网络	8.员工发展
1. GIS 产品和服务质量的客户满意度	√√	√	√√		√	√		
2. 高效地为客户提供其所需的产品和服务		√		√	√	√		
3. 更广泛的团队凝聚力，体现团队的价值观	√		√				√	√
4. 有效、一致地利用所有最佳实践	√√		√			√	√	
5. 部门与实验室不断提升服务与产品意识				√√		√		

注：√√ = 主要影响　　√ = 部分影响

发现问题并制定解决策略

在充满活力且有安全感的会议中，该团队确定了如下需要解决的关键且相互关联的问题：

- 没有制作地图的通用方法。

- 团队成员分散在客户现场，很少见面。

- 士气低落。

- 潜在的实验室客户不了解 GIS 的存在及其产品。

- 地图中使用的某些数据已过时。

- 技能种类繁多，没有正式的方法来提高员工技能水平。

该团队得出的结论是，根本原因是缺乏有效工作和提高员工满意度的标准操作程序和流程。

接下来是最具创意的部分——制定策略来改进/影响那些选定的目标/措施。经过激烈的讨论，该团队确定了8种核心策略，可以减少问题并影响成功措施。

1. 运作行为：提高团队运作的正规性，标准化流程和数据。

2. 已知精度和线性的数据：确保数据有适当的元数据，并且客户已了解其限制性。

3. 持续的流程改进：不断改进团队流程和服务。

4. 市场营销：通过网页和新闻报道增加团队知名度，扩大客户群。

5. 客户反馈：通过调查和分析经验教训来监控客户满意度。

6. 客户培育：向客户介绍团队提供的产品和服务。

7. 团队网络：通过会议、定期聚会及与其他 LANL GIS 节点联网来改善团队活力。

8. 员工发展：通过正式和非正式手段促进员工技术和管理技能的发展。

请注意，这些策略是如何在一个简短的标题中陈述的，然后是一句易于理解的文字说明。为每个策略开发的逻辑框架将提供每个策略的进一步详细说明。

开发成功衡量指标/核心策略矩阵

让我们介绍一种创新且未被充分利用的分析工具——如图 9-6 所示的成功衡量指标/核心策略矩阵提供了一种实用的方法，用于调整影响预期成功衡量指标所需的核心策略。

左侧一列总结了为GIS单元确定的关键成功衡量指标。它们包括目的和意图声明，以及其他3个优先目标。行表示每个核心策略。开发这个矩阵是一个创造性的迭代过程，用于识别潜在的核心策略，并测试它们对成功衡量指标的影响。单元格中的复选标记表示每个核心策略对每个成功衡量指标的影响程度。

然后，对于8种策略中的每种，团队都创建了一个简单的逻辑框架。不同的团队成员开始"掌握"每种策略。然后，他们以每季度两种的速度优先考虑并实施这些策略，以免员工不堪重负或干扰正在进行的业务。

你可以轻松调整这个灵活的流程，以满足你自己的需求。

一封令人开心的意外来信

当客户发来一封意料之外的信件报告成功故事时，像我这样的管理顾问会感到开心和温暖。GIS成员托尼·塔利亚费罗在研讨会1年后发送给我一封电子邮件，内容如下。

> 在研讨会期间，GIS成员聚集在一起，专注于一个特定的方向。我们曾经被组织的重压压得不知所措，幻想破灭，并且官僚作风让我们感到无能为力，无法完成任务。但是在研讨会之后，我们感到自己被赋予了权力，事情都在掌控之中。我们对高层管理者的看法有所改变，事情也变得更加顺利。我们作为一个团队合作得更好。我们的士气和工作表现得到了显著提高。

托尼的邮件证实了当一群有上进心的人拥有合适的工具，并得到领导者的授权来塑造自己的命运时，他们可以做些什么。

☑ 要点回顾

1. 首先确定项目在何处及如何适应更大的环境，从而准备启动你的项目。咨询高级干系人，以了解更多关于他们设想的目标的信息。

2. 评估干系人、他们的利益和支持程度。在计划创建过程中让关键干系人参与进来，因为将自己视为共同创建者的人会更积极地参与和投入。如果你发现所需的支持程度和预测的支持态度之间存在差距，请利用你的影响力缩小该差距。

3. 举办项目设计研讨会。使用逻辑框架流程，以有效地揭示问题的方式指导团队对话，以帮助达成一致，并快速查明分歧领域。

4. 召开有所有相关方参加的项目启动会议，以明确和承诺项目可以进行。

5. 当需要改变战略或方向时，请按照战略更新调整流程重新回到正确的轨道上。

☑ 接下来做什么

在第10章，你将学习如何将内心的想法和情绪作为项目资源，为你和团队带来积极的成果。你将了解你的"内在操作系统"，学会如何在负面情绪和想法出现时快速识别和阻止它们，并快速摆脱不好的状态，进入更有成效的状态。有勇气扩大"舒适区"，可以提供你需要的自信，以激励团队接受新的挑战。

第 10 章

管理你的"内心游戏"

一个人最能事无巨细把握的就是自己!

——列奥纳多·达·芬奇

你可能有一个完美的计划，但你实现它的能力在很大程度上取决于你指导、领导和激励的能力。这些能力不是植根于你的技术和技能的，而是植根于你的心态和"心"的——你的"内心游戏"。

在每次项目旅程中，都有一些人和事会触发你的负面情绪。在这种情况下，你如何处理自己的情绪，可以决定这是一个和谐的项目，还是一个让所有参与者都感到沮丧的项目。

有什么策略可以让我们保持冷静、集中注意力和富有成效，而不管周围有多少噪声？如何更容易地进入绩效更高的状态？你如何利用已经拥有的内部精神和情感资产，处理你可能面对的任何个人挑战和人际挑战？

本章探讨了这些主题，并提供了策略，这些策略不仅可以让你成为更好的项目领导者，而且可以让你成为更好的人。

☑ 管理内在操作系统

有一个你可以自己检验的命题:为了更好地管理项目,你需要更好地管理他人。为了更好地管理他人,你需要更好地管理自己。为了更好地管理自己,你需要更好地管理你的"内在操作系统"(Internal Operating System,IOS)。人类的思维被比作一台高度复杂的计算机,但它并没有随附使用手册。使用一个非常简单的比喻,你的IOS实时包含你的思想、情绪和生理。这3个要素的相交产生了我们所谓的当前状态,如图10-1所示。

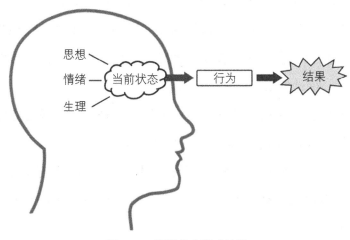

图 10-1 当前状态影响结果

你的精神和情绪线路可能被腐蚀、烧毁、短接,并且可能导致性能下降,除非我们采取措施来更新和利用这些基本要素。

你的当前状态决定了你在任何时间点可用的行为选择范围。你选择的行为——你的言语、行动和互动——会影响你得到的结果。

通过学习有意识地实时了解当前状态,你可以获得在任何情况下就如何采取行动做出更好选择和决定的能力。

如果你对某人生气,你现成的行为选择仅限于严厉的言行。但是让自己平静下来,可以让你变得更加理性,在没有怨恨的情况下解决问题。

通过练习，你可以学会始终将自己置于富有成效的状态，以应对当下的情况。

进入富有成效的状态

一种富有成效的状态是放松、专注。这就是你的想法和感受与当前最重要的事情保持一致的地方，并且你可以完成工作。当然，可能有中断，问题可能突然出现，但你有能力和情绪韧性来轻松处理它们。

运动员喜欢使用"进入领域"（Gretting in the zone）这个短语，他们使用触发器和词语进入这种放松、专注的状态。波士顿凯尔特人队的伟大篮球运动员拉里·伯德说，当他在"领域"内时，仿佛一下子就可以看到整个球场，整个比赛都放慢了速度。这使他能够做任何他想做的事情。棒球击球高手罗德·卡鲁说，他在"领域"内的时候，球看起来像柚子一样大，使他能够干净利落地击球。

处于放松、专注状态可以让你更客观地解释情况，因此你可以更从容、更有效地应对棘手的问题和棘手的人。

你以前曾多次处于这种状态。现在回想一下。你当时在干什么？你在想什么或对自己说什么？你有什么感觉？你是否感觉到自己内心有某种乐观的节奏？

你可以通过使用锚点和提醒来调节自己，以更频繁地进入富有成效的状态。用积极、令人振奋和强大的想法锚定自己，并提醒自己拒绝那些阻碍你的表现的不健康和恐惧的想法。

更持久地处于高绩效状态的关键是什么？从你的思想开始。

☑ 掌控自己的思想

花点时间问问自己，我现在在想什么或想对自己说什么？也许你的想法与你正在阅读的文字有关，因为你正在思考它们。但直到你现在注意到之前，你的思想可能已经转移到一个愉快的记忆或一些即将到来的事件上。

思想和情绪就像传动装置中的齿轮一样交织在一起。思想或情绪的转变会立即影响另一方，并决定你的内在状态和表现能力。

对自己好好说话

我们的内心对话从不间断。据估计，我们每天为自己提供20000条信息，其中大部分是对以前听到的内容的重复。

这种内心对话大部分发生在意识层面之下，但这种"喋喋不休"吞噬了我们原本可以更有效地使用的精神和情感带宽。

你有能力建设性地与自己交谈，并迅速用富有成效的情绪取代令你分心的情绪，这打开了更容易带来更好结果的门。这就是力量。

两种常见的内心声音是"批评者"和"拉拉队长"。

内心的批评者向你发送了令人沮丧的信息：你不能那样做……他们永远不会相信你……你太年轻/太老了，不会被认真对待……你会失败的……你不够聪明……贬低和废话是批评者的专长，尤其当我们离开舒适区时。

但批评者只是为了保护我们免受潜在的痛苦或失望。问题不在于批评者的喋喋不休，问题在于我们经常相信喋喋不休是真实的。你可以学会降低内心批评者的音量，或者完全忽略它。

相反的声音是拉拉队长。那是温柔的声音，对你和其他人充满同情。它肯定你、鼓励你、爱你。这个声音站在你这边，尊重你的自我，祝贺你的小胜利，鼓励你克服任何困难。

在阅读励志书籍、在大自然中散步或与宠物依偎时，你会感觉到拉拉队长的存在。它在冥想或祈祷的时刻轻声细语，提醒你是美丽的、伟大的，并且有能力处理任何事情。

批评者常常不请自来，就像电影《怪物史莱克》（*Shrek*）中那头烦人的驴子一样，但与拉拉队长互动需要发出特别的邀请。你最常听谁的话？你更经常和谁说话？这是你的选择。

评价和重构问题

当令人不安的事情发生时，要认识到让你感觉很糟的并不是事件本身。相反，决定你的情绪反应的是你如何评价或解释事件。没有你的允许，没有人可以让你生气。

你的情绪反应在很大程度上取决于你如何构建（解释）问题。你最初的思想可能以某种方式看待它，但还有其他方式可以看待它。重新审视你对问题或情况的看法，会带给你全新的视角。使用"也许–但是–也许（Maybe-But-Maybe）重构模式来考虑其他可能性。

- 也许真正的问题不是他们做出的决定，而是我是怎么听说这件事的。
- 也许真正的问题不是她缺乏热情，而是我如何与她沟通。
- 也许真正的问题不在于项目发起人，而在于我从不和他们谈论我遇到的困难。
- 也许真正的问题不是_____，而是_____。

不准确或弄巧成拙的解释对你无益。假设他人的意向总是最好的。通过重构，你会发现自己不再拘泥于陈规，而在寻找应对挑战的有效行为方式。

认识到是你自己的思想、情绪和生理变化——而不是其他任何东西——驱动了你的行为反应。你可以通过首先意识到它们，然后重新构建问题来控制它们。

☑ 管理情绪

在处理任何情绪时，在任何情况下，第一步都是在不让自己犯错的情况下承认这种情绪。所有情绪都有价值，因为它们提供了可操作的信号，表明某事需要注意；压制或否认它们不起作用，因为它们会恶化。关键是要理解情绪给你的信息。

当愤怒或恐惧等强烈情绪出现时，你很容易陷入情绪本身的能量中，而不是冷静下来，理性地探索情绪提供的信息。这个情绪信号试图告诉你什么？根本问题是什么？你需要采取什么行动？使用解决问题的技能来制订行动计划。

处理棘手的问题通常需要以令人不舒服的方式与他人互动。通过排练指导性自我陈述，为艰难的对话做好准备。这些是你给自己的信息，可以增强你的勇气。我可以处理这个问题……我可以找到正确的表达方式，而不会引起反感……当问题解决，我们都会感觉更好。准备还意味着预测他人的反应，并在关注问题的同时高度重视对方。

从内在操作系统中清除无用的噪声，并重新获得情感带宽的一种有效方法，是放弃你可能有的对人或过去事件的挥之不去的怨恨。带着怨恨前行是没有好处的，它们很重，会把你拖垮。原谅别人，即使他们不值得。原谅他们，因为这是你应得的。

坎迪斯·珀特博士在《情感分子：我的身心医学背后的科学》（*Molecules of Emotion: The Science Behind My Mind-Body Medicine*）一书中分享了她的故事和思想演变。她写道："我亲眼所见，正是情绪将身心联系在一起……情绪分子在我们身体的每个系统中运行。"她的系统思维开始包括其他人、更大的环境和灵性。她鼓励人们进行情感上的自我保健——承认并命名所有情绪，而不仅仅是"可接受的"或"积极的"——然后放手。关于人际关系，珀特写道："情绪是连接器，在个人之间流动，以同理心、同情心、悲伤和快乐的形式在我们之间流动。"

管理生理

生理补全了内在操作系统的三位一体。管理生理意味着认识到并有意识地了解如何使用自己的身体。心率、呼吸、出汗的细微变化，以及面部潮红是情绪状态变化的主要指标。通过注意这些早期指标，你可以集中精力，从而清晰地思考，并以符合你的目标的方式行事。

就我个人而言，我在谈话时注意到自己说话的声音越来越大，而且脸颊开始发热，这是生气的先兆。这种意识让我提醒自己，是时候深呼吸并放慢速度了。

管理生理还可以帮助你摆脱忧郁的情绪或"困顿状态"。困顿状态是当你由于某种原因陷入沉闷的恐惧时导致的。你想摆脱它，但没有精神或情感能量这样做。

快速、轻松地摆脱困顿状态的药方是起床并运动。在路边或跑步机上奔跑，深呼吸五次，做一打跳跃运动，像鬣狗一样疯狂地笑，坐在地板上和宠物玩耍，跟着最喜欢的音乐狂舞等。"一摇即见效"，给你重回正轨的魔力。

☑ 增强勇气

我相信，人们之所以无法成为出色的项目领导者，或者无法体验充实而丰富的生活，首要因素是恐惧。

但是我们的"战斗或逃跑"反应无法区分真正的危险、想象的危险或不熟悉的情况。我们被我们不想经历的想象中的伤害或痛苦困住了。

个人成长只发生在舒适区之外。然而，由于想象中它会带来伤害或痛苦，我们对走出该区域犹豫不决。我们感觉到危险。所以，我们不要求加薪。我们不报告问题，因为我们害怕对方的反应。最好谨慎行事，避免内心的批评者所说的痛苦。

但在舒适区的边界之外，是一个创新实验室，你可以在那里体验、发现和成长。

　　勇气是恐惧的解药，勇气来自采取行动。增强勇气最明智的方法是感受恐惧，并无论如何都要去做。这是一种让自己减少恐惧的方法。

让自己被拒绝

　　每年两次，我在加州大学洛杉矶分校的扩展技术管理计划中教授一门名为"重塑自我和蓬勃发展"的课程。这门课程与探索内在的自我，以及创造更有力量的自我有关。

　　学生们通常对事实和公式感到满意，但对"情绪外露"的东西持怀疑态度。由于他们有足够的勇气报名参加，我的工作就是创造一种变革性体验，让他们突破想象中的障碍。

　　第一天的作业是向一个完全陌生的人提出要求并被拒绝。是的，被拒绝。要求越大胆越好。他们可以接近想要接近的任何人，并提出任何肯定会得到"不行"回答的要求。当他们被拒绝时，只需感谢这个人。被拒绝是他们的胜利。

　　学生们显然犹豫不决，但第二天他们以极大的热情分享了他们的要求。请给我100美元好吗？这个周末我可以借你的车吗？我可以试试你的鞋子吗？如果回答是"可以"，他们的任务就失败了。

　　要做到这一点，他们需要提高自己的勇气水平，而忽略内心低语的"害怕"声音。但是当成功地做到时，他们感到精力充沛，充满活力！

　　他们的内在信念发生了转变。他们了解到，得到拒绝的回答并不意味着整个人被拒绝。他们知道自己可以处理任何暂时的尴尬或批评，而不是害怕痛苦和尴尬，因此变得更坚强。

☑ 提高情绪韧性

　　我相信，在生活中保持积极情绪，并成为他人榜样的能力取决于我们的情绪韧性。情绪韧性指的是能够做出反应，并从挫折中复原的能力。以下这些策略可以用来调节情绪，以提高情绪韧性。

更加关心自己

培养对自己更多的同情心和爱。我们很容易因为错误和缺点而对自己失望。我们都这样做，但为什么呢？你越关心自己，就越有能力关心他人，生活就会变得更加丰富。放下羞耻和内疚。与你的拉拉队长进行肯定的对话，而忽略批评者。做自己最好的朋友。

还要注意身体健康。做到饮食正确、睡眠充足、锻炼和放松，这样你就有能力产生所需的能量。抽雪茄的喜剧演员乔治·伯恩斯在99岁高龄时承认，如果他知道自己能活这么久，他会更好地照顾自己！

寻找支持者

与那些告诉你你有多棒的人在一起。倾听他们的声音，让自己接受他们所说的话，也支持和鼓励他们。你的社交网络是否为你提供了所需的情感支持、灵感和指导？

如果没有，请查看你可以加入的许多线下和线上社区，这些社区涵盖各种主题——人际关系、商业成功、项目管理、户外探险、健身、冥想、宗教、灵性及几乎所有其他内容。

至少有一两个你可以自由分享生活中发生的事情的朋友，你知道自己不会被他们评判。

经常笑

笑是一件有趣的事情，但从科学的角度来看，笑会释放内啡肽——一种让你感觉良好的激素——还能帮助你放松，甚至疗愈。

巅峰表现专家约瑟夫·麦克莱兰建议每天至少笑5次。找一些能让你发笑的东西，或者无缘无故地开怀大笑。

笑让自己兴奋是有神经学依据的。大笑时，你会更深地呼吸，从而为身体供给更多的氧气。爽朗的笑声就像大脑的能量饮料。即使只是微笑，也会释放催产素（爱情化学物）进入你的身体——多试试！

练习放松

感到焦虑时，可以参考一下电影《借刀杀人》（*Collateral*）开场时出租车司机（杰米·福克斯饰）所做的事情。司机注意到乘客的压力，拉下汽车遮阳板，并给她看一张美丽的加勒比海岛屿的明信片。他解释，当他感到压力时，会在精神上去他的私人岛屿。

无论是漂浮在海洋中的木筏上，在花园里冥想，还是与狗一起玩捉迷藏，都是有帮助的。选择一个最喜欢的私人静修处，并想出一两个词语来触发放松感。通过练习，将心理图像和词语与放松感配对，你只需说出词语，即可唤起放松反应，如"放松""心灵平静"或经典的"嗯"。

为美好的一天做好准备

如果你每天醒来时，花10分钟在脑海中或纸上列出你感激的所有事情，会发生什么？写下所有你引以为豪的事情。你最开心的是什么？写下所有你爱的人和爱你的人。最能让你兴奋的是什么？你致力于什么？

当回答自己时，与你头脑和内心的情绪和感觉联系起来。这个有意义的早晨仪式将使你的一天充满正能量。尝试10天，亲眼看看。

采取"每日不完美"行动

每天对项目成功影响最大的前3项任务是什么？你是否发现，自己拖延是因为这些活动涉及以令人不舒服的方式与他人互动？如果是这样，解决办法就是将积极的成果形象化，并为自己的指导性自我陈述做好准备。

马克·吐温经常引用这句名言："如果你一早起来就吞了一只活青

蛙，那这一天就不会有更糟糕的事情发生了"及"如果你必须吃两只活青蛙，先吃最大的一只。"长痛不如短痛，尽可能早点吃掉所有的青蛙，让它们离开你的盘子。很快，它们的味道就不会就糟糕了。就像吃活青蛙一样，去做影响你成功的事情往往需要勇气。采取不舒服和不完美的行动，直面恐惧。

尽你所能

当你关注环境中的易变、不确定、混乱和模糊的因素时，有时感到气馁甚至绝望是可以理解的。虽然这些因素超出了我们的影响范围，但你仍可以控制很多事情。

记住美国神学家莱因霍尔德·尼布尔睿智的话，他说："上帝赐予我平静去接受我不能改变的事情，赐予我勇气去改变我能改变的事情，赐予我智慧去了解两者的区别。"

你可以改变的第一件事是什么？你的"内心游戏"和心态。

☑ 管理内心项目

当你一整天都在工作时，可以通过以下这些品质使内在操作系统处于最佳状态，这些品质的首字母可以组成一个词——项目（PROJECTS）。

- 存在（Presence）——当你独自一人或与他人在一起时，要全神贯注，积极倾听你内心的想法、情绪和担忧。放弃基于过去的经验对他人做出的限制性假设，并关注他们现在的身份。深呼吸 3 遍，让自己集中精神，活在当下。

- 韧性（Resilience）——放下过去的失望，快速克服不安，并将错误视为学习的机会。放弃无用的抱怨，将挫折作为动力去做得更好，而不是让它说明你或其他人有问题。转化挫折并积极重来。

- 乐观（Optimism）——希望并期待最好的成果。坚持你和团队可以通过一起工作实现的愿景。情绪是会传染的，你的乐观情绪会给你自己和他人灌输信心。

- 喜悦（Joy）——学会无缘无故地为自己创造喜悦。花点时间注意并体验带给你喜悦和惊奇的事物。这种体验也许是目睹他人发展自己的技能，花1分钟到外面看鸟飞，或者注意树叶的形状。有时，真诚而适时的赞美可以激发他人内心的喜悦，也能让你振奋。

- 同理心（Empathy）——愿意在心灵层面上建立联系，并深切关心自己和他人。超越表面对话。谨慎地与他人互动，尤其在处理敏感问题时。他们可能背负着你不知道的沉重负担。最重要的是，对自己有同理心。练习彻底的自我同情，直到绰绰有余。

- 勇气（Courage）——无惧处于危险之中，有意愿承担有意义的风险。勇于承认错误，并为他人提供承认错误的空间。愿意看起来很愚蠢并被拒绝。翻越、绕行或横穿过每座阻挡你去路的山峰。

- 信任（Trust）——相信自己，相信你拥有所需的一切，也相信别人，给他们空间去"开花"。相信在某种程度上，你"知道"。相信你会找出解决任何问题的方法。相信你自己的重要性。

- 力量（Strength）——培养内在的信念，无论发生什么，你都能应付。成长得比你面对的任何问题更强大。你克服的每个障碍都让你变得更强大。做出决定并养成习惯，以支持你、你的团队、你的组织、你的家庭、你的国家及我们共享的星球的共同愿景。鼓舞他人。

实践这些品质，将支持你对卓越的终生追求——不仅在你的项目中，而且在你的生活中。

☑ 要点回顾

1. 管理自己的"内心游戏"，可以让运行良好的项目与那些令人沮丧和失败的项目有所不同。

2. 积极管理并有效整合内部操作系统的3个要素——思想、情绪和生理。

3. 学习管理你的情绪，将其作为一种强大而富有成效的项目资源。通过对自己当前状态的实时感知来增加真正导向想要的结果的行为，同时减少适得其反的想法、情绪和行为。

4. 通过更深入地关心自己，培养更强的情绪韧性。

5. 当愤怒和焦虑等情绪出现时，重要的是你能多么熟练和迅速地接受自己的情绪，并从无能为力的状态转变为更有成效的状态。越快控制低落情绪并回到正轨，你在项目和生活中就越成功。

6. 学会在当下的焦灼中放松。首先识别你的情绪指标，即告诉你"是时候放松了"的个人线索。越早意识到正在发生的变化，你就能越快地管理自己的情绪。

7. 每天管理你的项目，无论是实际上的还是你内心中的，如"PROJECTS"的定义。

☑ 接下来做什么

研究表明，团队的出色绩效与团队成员是谁关系不大，而与团队互动方式关系很大。人们想做有意义的工作，并为关心他们的人做这件事。我们都因为克服挑战、战胜困难、表现出色及能够在工作中做自己而茁壮成长。

但是，一个团队要实现高绩效的首要关键指标是什么？后续即将展开。

第 11 章
打造高绩效团队

> 没有人可以用口哨演奏交响乐；演奏交响乐需要整个管弦乐队。
>
> ——H. E. 卢科克

如果没有一个人人都想加入的团队，再好的项目计划也是微不足道的——在这个团队中，每个成员都感到受到重视和安全，具有强烈的归属感，并作为强有力的贡献者而得到承认。这就是打造高绩效团队的公式，也是本章的重点。

致力于建立一个相互高度尊重的团队，一个每个人都可以在工作中找到意义感的团队。向每个团队成员说明他们的工作如何重要，加以指导，并在适当的时候成为导师。

本章的案例展示了如何使用简单而有意义的仪式来改变团队绩效。

☑ 成功团队的动力

谷歌公司研究了180多个活跃的组织内部团队，以了解最有效团队的特征。他们希望找到合适技能和特质的最佳组合，从而打造出一个一流的团队。令他们惊讶的是，团队成员的互动方式远比团队中的人更重要。

以下3种动力使成功团队与众不同。

团队成员感到心理安全

心理安全是打造高绩效团队的首要因素，也是所有其他因素的基础。当团队成员对你和彼此感到安全时，他们可以说出真实想法。如果没有这个"安全网"，他们就可能避免与其他团队成员沟通解决问题，对个人或项目相关的问题保持沉默，因为害怕被拒绝而保留想法，或者隐藏错误。

心理安全也会影响项目的最终盈利。谷歌公司发现，心理安全度高的团队，最终盈利超过收入目标的17%，而心理安全度低的团队，最终盈利则低于收入目标的19%。

带上所有的"内心游戏"要素，建立一个关心和信任的心理安全环境。

- 让团队成员知道你致力于帮助他们成功，以及他们可以依靠你的原因。
- 亲自了解每个人，找出对他们来说重要的事情，并建立一种关心的关系。
- 让他们了解真实的你是开放的、真实的、直接的、温暖的。
- 信守承诺，如果不能做到，请与你的团队成员一起及时解决问题。
- 全神贯注地倾听，并打算帮助他们。
- 当团队成员犯错时，理解并原谅。把重点放在从错误中学习，而不是让他们感觉自己不好。
- 确保每个人都在倾听。
- 找到将项目与团队成员的个人愿景联系起来的方法。

- 塑造你希望他人实践的价值观和行为。

特别注意远程工作的人，因为他们很容易感到受到孤立、压力或孤独。他们会很感激你以真诚的关心单独与他们联系。开始在线会议时，你可以先快速地做一下情绪检查。

有时，团队成员之间会发生激烈的讨论，因为他们在心理上感到足够安全，可以充分表达自己的观点。只要人们没有互相辱骂，就把紧张和分歧视为团队建设过程的一部分。对伟大团队的研究表明，他们鼓励不同的意见。多样化的观点有助于形成有创造性和合理的解决方案。让团队专注于他们的共同目标。

将给予恩典作为礼物

如果有人辜负了你的信任，你该怎么办？你应该生气吗？避开他们？报复？让感情恶化？怀有挥之不去的怨恨？有更好的方法。它被称为给予恩典，即"不应得的恩惠"。

罗伯特·赫斯勒在他的著作《提高员工绩效的 4 个关键》（*R.A.M.P. It Up: 4 Keys to Turbocharge Employee Performance*）中谈到恩典时说："如果使用得当，恩典可以是你用来建立信任的最有力的工具。它体现了同情、慷慨和善良，当有人辜负你的信任时，它会带来比你想象中更大的好处。"

赫斯勒继续列举了在工作场所使用恩典的一些好处。恩典可创造：

- 更轻松地回到正确的关系，而不会尴尬。
- 一个快速释放怨恨的渠道。
- 表达遗憾和保证更好表现的情感空间。
- 对个人问题更加开放。
- 最重要的是，恩典产生成长。你的行为不会让人们停留在最初的地方，他们变得比以前更好了。恩典也减轻了你怨恨的负担。

欢迎多元视角

研究表明，如果团队融合了不同的背景，他们的表现会更好，并产生更丰富的想法。团队越多样化，就越需要帮助每个团队成员相互了解和信任。一种简单的方法是，在线会议期间，邀请人们简要分享他们自己的兴趣点或最近的成功。不需要长篇大论，简短的想法即可。

团队成员认为工作对个人有意义

想一想你喜欢在家里或工作中做的事情。如果你和大多数人一样，则最让你满意的就是做一些对你来说很重要的事情，这让你有一种意义感。

大卫·保罗博士是《敢于关心：高度的相互尊重如何提高参与度和生产力》（*Dare to Care: How High Mutual Regard Increases Engagement and Productivity*）一书的作者，他开展了一项长达10年的研究项目，以发现对团队成员来说真正重要的是什么。根据他的研究，"保罗的人员绩效原则"指出，人们希望从事对关心他人的人很重要的工作。海军陆战队明白这一点，这就是为什么他们冒着生命危险相互保护。

保罗确定了33类与关心团队成员相关的陈述，其中与参与度和联系度相关性最高的陈述如下。自检你的环境，并注意哪些陈述存在，哪些不存在。

- 我获得了职业发展机会。
- 我感到受到鼓励和支持。
- 我的工作富有成效。
- 我觉得自己很重要（就像做重要的工作一样）。
- 我被赋予更大的责任。
- 我被允许领导团队。
- 我的想法和意见是有价值的。
- 我对项目或与团队的联系有高度的个人兴趣。

• 我被倾听。

团队成员知道他们的工作产生的影响

人们希望知道他们的工作可能影响到团队、项目、组织和世界。通过确认和庆祝让他们知道这一点。

确认是确保人们体验到他们带来的改变的有力方式。人们喜欢因为他们的身份和贡献而被认可。确认使确认者和接收者都成为更加成熟的人。这可以改变人们对自己和他人的看法。

例如："你致力于确保虚拟会议参与者的支持请求得到快速响应，这使我们获得了有史以来最高的参与者满意度。我们公司新软件包注册的新客户数量是预期数量的两倍，你确实为我们出色的季度销售额做出了贡献。干得好！"

尽早并经常找到庆祝成功的理由。人们喜欢他们的工作得到认可。每个有价值的项目都经历了挫折、失望、挫折、微小的路线修正和重大的转变。但有了承诺和鼓励，优秀的人就会达到新的成就高度。当项目达到里程碑和最终结束时，表彰和奖励团队成员。应该公开、公正和快乐地宣传团队的努力。

将"对我有什么好处"转移到"对我们有什么好处"

将团队成员的注意力从"对我有什么好处"转移到"对我们有什么好处"，两者的区别如下。首先与团队成员单独会面，了解他们想要实现的目标，并向他们展示如何通过项目实现目标。

1. 对我有什么好处？

• 解决具有挑战性的问题。

• 了解组织中的其他人。

• 增加曝光度。

• 完成一些重要的事情。

- 学习、成长和获得新技能。

- 获得有形奖励（如奖金、新机会）。

- 体验这个项目的乐趣和快乐。

- 有我引以为豪的成就。

- 我的专业成长增加了自身价值。

2. 对我们有什么好处？

- 作为一个强大的团队，成为比我们自己更伟大的事物的一部分。

- 为团队带来独特的贡献。

- 我们的工作改善了我们的生活——与家人的关系等。

- 通过看到他人成长而感到喜悦，知道我们为他们的成长做出了贡献。

- 体验在这个团队中工作以实现其目标的乐趣和快乐。

- 取得我们引以为豪和被认可的成就。

- 提高我们对当前组织和其他组织的专业价值。

还有两种动力也进入了前五名：可靠性及结构和清晰度。第9章对这些内容有所涉及。

☑ 召开有吸引力的虚拟会议

无论喜欢与否，虚拟会议都将继续存在。所以，你不妨学着召开有吸引力的虚拟会议。最擅长创造出色的虚拟会议体验的人非常注重让会议具有吸引力。以下是一些有用的提示。

明确会议的意图及人们将从中得到什么。准备具有明确成果的重点议程。为讨论和决策召开会议，而不是传递可以通过电子邮件发送的信息。注意这一因素：如今人们的注意力持续时间明显缩短——有人说只有 8 秒。

　　为你的声音带来活力和多样性。我们不会被现有的声音束缚。世界著名歌手和演讲者语音教练罗杰·洛夫说，有各种各样的音符可供我们使用，而大多数人只在我们的"钢琴"上使用了几个"音符"。我们可以做很多事情来改变韵律、音高、音调、节奏和音量，以便有意识地调动人们的情感。

　　注意会议中的其他人。注意他们的面部表情、语气和肢体语言。注意他们是全神贯注，还是在看手机。说出人们的名字（我们都喜欢听到自己的名字），并保持会议简短。邀请提问，号召人们，并以行动清单结束。

为会议增加幽默

　　幽默有很多种形式。最好的幽默是自嘲。自发的幽默增加了惊喜。当你寻找增加和鼓励幽默的方法时，人们会放松并找到方法带来自己的幽默。

　　也许可以选择某人以"老式笑话"开始每次会议。这些简短而蹩脚的笑话会引起善意的回应。不妨在每次会议上轮换"笑话大王"。

☑ 案例：通过关心改变团队

　　由于技术违规和错误的施工问题，一家位于美国加利福尼亚州的核电站已被核管理委员会关闭。必要的维修工作进展缓慢，因为起草办公室的工作人员在发布新的施工蓝图方面进展缓慢。梅尔，一位年长而安静的先生，负责监督起草办公室，其中大部分是20多岁的年轻人。我被要求加入"文化修复"活动，并从采访年轻人开始。

　　这些年轻人感到梅尔不尊重他们，因为梅尔每天早上直接去他的办公室，连点头或打招呼都没有。梅尔几乎从来没有笑过。员工没有感到被重视，这反映在他们缓慢而草率的工作上。"他不喜欢我们。"

当我告诉梅尔团队的想法时，他感到震惊。"我爱这些孩子。我真的很关心他们。他们怎么认为我不喜欢他们？"我建议大家下午在会议室聊聊。

在会议室里，梅尔显然很紧张，问年轻人为什么有这种感觉。沉默片刻后，一个年轻人开口了："你早上上班的时候直接去你的办公室，不理会我们。"梅尔沉默了。然后他解释，他来晚了，出于尊重，不想打扰他们。年轻人回答："但你从不微笑！"

梅尔的眼角浮现泪水，他解释了他从未分享过的事情："我的下巴在越南战争中受损，我真的无法微笑——即使我很开心。但你要知道，我为你感到骄傲。"

沉默似乎持续了整整1分钟。然后，梅尔将手指伸到右耳上，弹了两下耳垂。"这说明我很开心。"年轻人们也微笑着举手在耳垂弹两下作为回应。大家都笑了，心情也愉悦了。一种新的联结仪式诞生了！

梅尔还使用因果语言解释了他们的工作有多重要："如果你的图纸准确，施工队就可以进行维修。如果进行了维修，核电站就可以重新开放。如果核电站重新开放，我们就可以为该地区提供可靠的电力。"他们的脸上洋溢着自豪，因为他们看到了自己的改变。

当我一周后再次访问时，他们做得很好。"早上梅尔上班的时候，他轻弹耳垂，我们也轻弹耳垂回复，每个人都笑得很开心。"

我问年轻人，我们还应该讨论哪些问题。一位说："昵称。一开始很有趣，但我不喜欢被称为'懒鬼'。叫我'路行者'。"然后，另一位说："从现在起叫我'爱因斯坦'，而不是'笨蛋'。""臭蛋"也说："请用我的真名'弗雷迪'称呼我。"他们全都同意了。

两周后，我受到了耳鸣的困扰。当我拍打自己的耳朵时，大家都开始笑了。办公室里的气氛不同了，生产率提高了40%以上（以每天完成的图纸来衡量）。人们谈论并享受他们的工作，并称梅尔是有史以来最好的主管。

是什么因素导致了这种戏剧性的转变？

梅尔的身体弱点和真诚的关心创造了心理安全。通过并不算愉悦的谈话，该团队发现了真相。他们采用了一种有趣的仪式，产生了一种乐观的情绪，并且明白了他们的工作很重要。参与其中的每个人都学会了以更大的尊重、爱和欣赏来看待彼此。

每个积极给予关心的领导者，都将得到好的团队成果。

☑ 帮助他人成为最好的自己

没有人能独自成功。一路上，我们得到了各种各样的帮助。回想一下那些影响了你一生的人。想想老师、老板、同事、亲戚、宗教领袖、商业领袖、家庭成员，甚至文学或电影中的人物！通过成为教练或导师，无论是否面对面，你都可以帮助他人，同时令自己变得更好。

教练教学和指导；导师关心和启发

我相信，你已经体会过教练、经理、顾问或其他善意的人为你提供具体和直接指导的价值。虽然一开始，听到他们说的话时你可能不太高兴，但从他们的反馈和指导中，你会变得更有效率。

许多项目都有助于建立教练关系。团队成员可能要求你指导，或者上级经理可能要求你指导某人。当教练和学员之间的关系是开放的、信任的和关注改进的时，最好的教练关系就会出现。

从最初的会议开始，讨论你们都致力于完成什么，并就教练关系如何运作达成一致。如果你是教练，请询问你是否可以直言不讳。否则，对方可能充满防御或不屑一顾，或者你可能忍住不说你必须说的话。从你对他们成长和发展的承诺这一角度构建反馈。在这种情况下，任何反馈都可以被视为具有建设性和启发性的。

教练和导师本质上都是发展性的，但与教练以绩效为导向相比，导师是鼓舞人心的榜样。导师更多地建立师生或专家—学徒关系，他鼓励并建议个人考虑新的途径。

我们都有过以某种重要方式影响我们的榜样。下面是我的亲身经历，展示了短短5分钟就改变人生的力量。

遇见我的导师

下面的故事发生在50年前，但我从未忘记，仅仅通过向某人展示你的关心，就能对他的生活产生惊人的影响。

在大学一年级和二年级的时候，在"火箭人"梦想的推动下，我给冯·布劳恩博士写了十多封关于如何制造更好的火箭的建议信。回想起来，我的建议很幼稚。每封信都收到了来自他们新闻办公室的标准、亲切的感谢回复。但是，这些信件确实引起了NASA的注意。

随着大学三年级暑假的临近，我再次写信给冯·布劳恩博士，想找一份实习工作。三周后，一个带有NASA回信地址的厚信封寄到了我家中。我迫不及待地撕开一看，一下就"哇"了一声："我们很高兴邀请你做我们的暑期实习生！"我打算通过分析风洞测试的数据来帮助真正的工程师。

那个夏天的亮点是我被邀请参加与冯·布劳恩博士的私人会议。我非常兴奋，专门买了一件全新的白衬衫和最好的领带！那天的经历帮助我永久塑造了我的领导风格。

冯·布劳恩博士像老朋友一样向我打招呼，并分享了他探索太空的梦想是如何开始的。在一个拥有数十个火箭模型的巨大办公室里，他分享了登月和更远的梦想。冯·布劳恩博士相信，只要有足够卓越的远见和足够优秀的团队，你就可以让任何事情发生——这是我永远不会忘记的话语。他解释，当普通工程师在战略、激励、影响力、团队合作、项目管理和沟通方面很熟练，并且具有强烈的道德和价值观基础时，他们就会变得出色。他问了我一些关于我的生活和目标的问题。他笑着祝贺我成功发射了"火箭鱼"。他还和我合影留念，如图11-1所示。

时间一到，他的助理打开门，提醒他又要开会了。冯·布劳恩博士对助理说："再给我5分钟的时间和特里在一起，这很重要。"哦，那些话语多么深地激励了我！现在回想起这短短一句话对我的影响，我仍然会哽咽。他对我的关心改变了我的人生，我也尽我所能去付出。

图 11-1　我的导师改变了我的生活

5分钟可以改变人生

我相信，向你的教练、导师和榜样致敬的最佳方式是感谢他们传授给你的东西，并将其传承下去。辅导或指导团队之外的人是一个传承技能、洞察和智慧的机会，这些技能、洞察和智慧有助于你的项目及你个人在未来取得成功。以关心和开放的心态分享你的"礼物"，你将获得极大的满足。你甚至可能改变他人的人生。

在你的身边，本周谁需要支持或启发？

☑ 要点回顾

1. 每个项目的核心和灵魂都与人有关——他们的关系、技能和团队合作能力。

2. 心理安全是使团队成员互相信任并发挥出最佳水平的最重要因素。

3. 人们希望做对关心他们的人来说很重要的工作。如果你的团队感到被关心，并且正在做对他们来说很重要的工作，他们很可能充满热情和承诺。

4. 团队成员希望他们的工作产生影响。经常确认他们的工作，并让他们意识到他们为你、其他团队成员和项目的受益者带来的收益。经常庆祝，并在关键里程碑奖励团队。

5. 在举行虚拟会议时，要刻意保持简短，并充满活力和吸引力。使用幽默。分享你和他人的故事。

6. 人们在挑战中茁壮成长、克服障碍、战胜困难，并完成出色的工作。当团队成员可以相互依赖并朝着共同目标前进时，就会产出非凡的成果。

7. 为自己寻找导师和教练，并成为他人的指路明灯。

☑ 接下来做什么

现在，我们已经研究了如何建立和激励一个忠诚、充满激情的团队。为自己做同样的事情又如何？在第12章，我们将着眼于如何设计你的未来、制定你的愿景、构建你的人生项目组合，并采取行动。我们还将探索如何应对成功和失败，以帮助你踏上通往理想未来的道路。

第 12 章

管理你的人生项目

> 如果建造了空中楼阁，你的工作也不会白费；你的工作成果本应该放在那儿。现在只需要把地基放在它们下面。
>
> ——亨利·大卫·梭罗（美国哲学家）

恭喜你来到最后一章，并不一定每个人都能坚持到这里。坚持下来的事实表明你是具有成长型思维的人才——有思想、有远见、与众不同。

我一直相信，体验丰富而有意义的人生并非偶然。我们每个人都有机会设计一种生活，而不仅仅过一种生活。

前几章介绍了将战略原则和工具应用于工作项目。现在，最后，让我们将相同的战略概念应用到你的人生中。

虽然为你的人生设计一个战略，乍一看似乎是一项艰巨的任务，但逻辑框架方法是你的完美伙伴，它真正让你在认为自己准备好之前就开始了。

本章回顾了我们所学的概念，并将它们视为你重构、改造并重建具有不可思议价值的生活的基石。你可以称之为"让战略生活管理变得简单"。

☑ 设计你的未来

我在40多年前写的第一本书，名为《工程师、科学家和技术经理的战略职业规划》（*Strategic Career Planning for Engineers Scientists，and Technical Managers*）。那是我第一次开始将管理原则应用于最重要的项目：一个人的自我。

本书讨论的几乎所有关于项目的内容也适用于你的生活。

- 广泛的组织原则：愿景、目标、因果关系、切块、项目集、项目。
- 管理项目的辅助工具：目标树、逻辑框架、衡量指标、假设条件、行动步骤。
- 使战略始终最新的过程：滚动式规划、战略行动周期、评估、调整、适应性。
- 头脑和心灵的"内心游戏"：自我意识、放松专注、自我同情、积极管理构成"内在操作系统"的思想、情绪和生理。
- PROJECTS 中的品质：存在、韧性、乐观、喜悦、同理心、勇气、信任、力量。

将项目运用到生活中

你是否雄心勃勃并致力于重要的事情？你来世上是为了有所作为吗？或者，正如史蒂夫·乔布斯所说，"我要在宇宙中留下痕迹"？如果是这样，项目可以成为力量倍增器，使你更快速地成为你想成为的人，以及做到你想做到的事情。

将项目的力量运用到你自己的人生中，首先要阐明你的愿景、价值观和长期人生目标（或使命）。你可以从中得出一组中期目标（3~5年），并从中确定你的年度目标。这些年度目标可以分解为每个季度或每个月的短期目标，并通过有针对性的日常行动完成明确的里程碑。这一系列目标既构成了路线图，又构成了未来的战略指南。

这里的重点是设计人生项目，像管理工作中最重要的项目一样付出关心和关注。

正如你记得的，开发任何项目的第一步是清楚地了解目标。在你的生活中也是如此。对各种人生目标有一个可行的想法，令你有能力设计项目实现这些目标。

接下来的5个步骤将带你从愿景走到实现。让我们从最大的"为什么"开始。

☑ 创建个人愿景

如图2-1所示，每个组织都有一个由目标和项目支持的愿景。清楚地了解未来愿景，你为自己和关心的人创造想要的丰富人生体验的可能性就会增加。

将愿景视为你人生中最大的"为什么"，一个"超超"的目标。你的愿景反映了你最重要的、最珍视的价值观和信念。愿景声明表达了你在这个世界上要做的、要成为的、要体验的、要教导的、要享受的、要创造的、要完成的、要贡献的目标。发自你内心的愿景声明应该激发积极的感觉，让你在早上愿意起床，并渴望利用好这一天。

在关于你和你的生活的讨论中，愿景、使命和人生意图这三个词的基本含义相同：满足核心价值观的有用指导原则。我们在下文中选择使用术语"愿景"。如果你愿意，可以用"人生意图"一词替换它。

你自己的愿景可能被清晰地表述和记录下来，也可能是模糊的。也许你不确定它是什么，但很想发现它。

在接下来的步骤中，不要担心是不是"正确"——这不是测试。只需在纸上写下一些东西作为开始。从中找到乐趣，让它有趣且富有想象力。这可能需要多次坐下来动笔，并在两次动笔之间进行反思。你不可能一次就在山上雕刻出杰作。请记住，你可以随时（今天、明天或明年）修改你的人生愿景、目标、战略和项目。

第1步：起草愿景声明

一个简单的开始方法是补全这句话：我人生的愿景/意图是……

- 让自己充满力量，成为英雄——为人类、植物和动物创造光明的未来。
- 成为无畏的领导者，勇敢地履行冒险的承诺。
- 享受生活，做出贡献，滋养一个充满爱的家庭。
- 勇敢地去往没有女人去过的地方。
- 尽可能使用自己的天赋。
- 教导和赋予孩子们成为未来的勇敢领导者的能力。

保持愿景声明简洁、易记。把它写下来。当你大声朗读时，它是否有一种鼓舞人心的感觉？修饰措辞，直到愿景声明给你一种豁然开朗的感觉，让你知道你现在是什么样子，以及日复一日将变成什么样子。

要构建更全面的陈述，可以使用第 3 章中的连接词。例如，我人生的愿景/意图是……

- 教导和激励领导者思考得更长远、计划更敏捷、行动更迅速，以改变世界。
- 通过创造情绪健康、富有成效和有意义的工作场所，改善企业主、员工及其家人的生活。
- 尽我所能，利用我拥有的资源，体验有意义的生活。
- 通过教授武术技能来提高孩子们的信心和在必要时进行反击的能力，以防止脆弱的孩子受到欺凌。
- 发明让老年人生活更轻松的产品，让他们体验更高的生活质量。
- 通过清晰、确定、一致、沟通和共享，成为我影响范围内的值得信赖的顾问、监护人、保护者和支持者。

内化你的愿景声明，并使其可视化。用显眼的颜色写下愿景声明，然后将它贴在墙上或镜子上；让它成为你的电脑屏保；在锻炼、跳舞或听喜爱的音乐时重复它，注意它给你的感觉。你与它的情感联系越多，你就能越快成为愿景声明中的样子。

接下来是确定与你的愿景相符的潜在项目。

☑ 开发人生项目组合

尽管听起来太过"专业"，但你可以将自己的人生视为在生命的每个阶段不断发展的一系列项目组合和项目集。项目的类型因人生阶段而异：童年、高中、大学、就业、第一份工作等。你已经完成了数百个成功的人生项目，无论你是否称它们为项目，并将继续这样做。

第2步：设想未来的可能性

戴上你的"长期战略帽子"，为自己设想一个既丰富，又能为你的生活增添力量的未来。如果你愿意，可以勾勒出目标树，并将你的愿景置于顶部，就像一位《星际迷航》（*Star Trek*）的"粉丝"在图 12-1 中所做的那样。

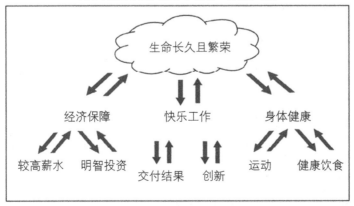

图 12-1　个人目标树示例

为了激发你自己的想法，下面提供了一些生活类别，每个类别下都有示例目标陈述和项目示例。其中一些是需要逻辑框架的大型项目；另一些可能更像任务、习惯或存在方式。

通读这些示例时，画出一些你感兴趣的内容，并让它们触发你自己的新想法。

1. 职业：体验富有成效、获得报酬且令人满意的职业，使我能够与关心的人一起做重要的工作。

- 通过虚拟培训、面对面课程和实践学习新技能。
- 提高在线 / 社交媒体知名度和可信度。
- 获得专业认证或高级学位。
- 在工作场所担任新角色。
- 与经理和同事建立令人满意的关系。
- 在目前的组织中获得加薪或晋升。
- 寻找一位导师，并且成为他人的导师。

2. 财务：以履行我的所有承诺并为我的家人创造安全感的方式赚取和管理金钱。

- 制定预算并坚持下去。
- 投资出租物业。
- 创办、发展或出售企业。
- 开发新的收入来源。
- 减少不必要的开支。
- 制订长期财务计划。

3. 家庭/关系/社会生活：与家人和朋友建立亲密、相互支持、丰富和关心的关系。

- 寻找与我有共同价值观的新伙伴。
- 筹办婚礼。

- 滋养一个充满爱和支持的家庭。

- 和孩子一起玩我们都喜欢的游戏。

- 与朋友或家人一起计划一次激动人心的体验。

- 让所有的人际关系更加充实、快乐和有趣。

- 成为伟大的父母、祖父母、儿子或女儿、兄弟或姐妹。

- 与断联多年的朋友重新联系。

4. 社区：在为重要的人、事业和社区做出积极贡献的同时，体验联系和成就感。

- 扩展社交网络（朋友、专业团体、在线联系人）。

- 帮助社区的孩子，成为他们的"大哥哥"/"大姐姐"。

- 与其他人一起参与有助于解决社会、健康或环境问题的项目。

- 自愿参与一个让我满意，同时为他人带来改变的项目。

- 为经济困难的孩子捐赠玩具。

- 竞选政治职务。

5. 个人发展/自我掌控：在生活的各个方面学习和成长，发展和使用所有独特的天赋，并成为他人的灵感来源。

- 参加由名师带领的深度成长工作坊。

- 阅读榜样人物的传记。

- 通过冒险来扩大舒适区。

- 创建一个互相支持、有成长意识的小组。

- 放弃限制性信念、习惯和假设。

- 添加积极的日常实践，为现在的生活带来价值。

- 通过有意识地管理想法和情绪，培养更强的信心和韧性。

6. 健康与健身：通过采取身心一致的行动来滋养、强化和照顾自己的身体，从而体验充满活力的身体健康和情绪幸福，并使自己长寿、健康、充满活力。

- 改善身体健康和精神抗挫力。

- 坚持锻炼并降低体重指数。

- 为健康跑步或马拉松长跑而训练。

- 参加在线瑜伽、舞蹈、健身或武术课程。

- 坚持吃健康食品（同时适度享用一些甜点）。

- 在保证安全的前提下进行户外探险。

7. 学习和技能发展：成为感兴趣的话题的终身学习者，无论是专业的还是个人的，并随时了解更广泛的全球问题。

- 踏上新领域的学习之旅。

- 成为所在领域的专家。

- 学习另一种语言。

- 写有思想的文章，或者创作艺术品。

- 学习以一种能调动人们情感的方式讲故事。

- 学习演奏乐器。

- 提高阅读速度、准确性和记忆力。

8. 精神生活/情感表达：通过祈祷、冥想和阅读鼓舞人心的材料，加强自己的愿景，同时让自己保持冷静和脚踏实地，与内心和更广大的世界保持联系。

- 持续冥想以变得更加专注。

- 伴随音乐进行精神活动。

- 进行简单的练习，如每天表达感激之情。

- 宽恕自己和他人，使停滞的能量流动起来。

- 创建或加入成长型智囊团。

- 在人们还在世时感谢他们对自己的帮助。

9. 工作空间/生活空间：让空间时尚、舒适和鼓舞人心，使自己能更好地履行专业承诺和享受个人生活。

- 打造高效、有吸引力且符合人体工学的家庭办公室。

- 清理塞满的车库、壁橱或文件柜。

- 用让人精神一振的艺术品装饰生活空间。

- 改造或重新粉刷房子。

- 将后院美化成"度假胜地"。

- 保持文件、书籍和物品井井有条。

10. 爱好/乐趣/休闲/冒险：为自己和他人的生活增添乐趣、游戏、兴奋和奇思妙想。

- 与最好的朋友一起享受精彩表演和冒险。

- 与"最好的狗朋友"在敏捷障碍课程中合作。

- 将爱好转化为在线业务。

- 重新发现并享受年轻时的爱好。

- 识别和记录 100 种鸟类。

- 组织寻宝日或游戏日。

哪些吸引了你的眼球？给你带来了什么想法？哪些引起了你的兴趣？哪些会给你的生活带来更多的丰富和多样性？哪些足够引人注目以触发行动？

有些人只梦想他们想要的未来，而另一些人则忙于创造它。请允许我挑战你，让你承诺继续推进你的一个或多个项目想法。首先从"某天"列表中取出一个项目，然后将其变成"现在行动"或"今天"列表项目。将其构建为逻辑框架项目计划，并付诸行动。

☑ 承诺去实现它

现在，你已经确定了想要追求的项目主题，已准备好去实现它。

第3步：设计优先项目

从这样做开始：选择上述示例之一或制作自己的示例。首先在一张白纸上写下这个目标；然后画一个指向"为什么"的向上箭头，以及指向"如何"的向下箭头；最后在每个方向写一个或多个目标。

如果愿意，你可以将其扩展为目标树，只要确保它以因果方式连在一起。然后，就像第 7 章中亚洲型舞毒蛾项目的案例那样，你可以将目标树的元素移动到逻辑框架矩阵中。

假设条件在个人项目中发挥着特别强大的作用，因为它们涉及你的核心价值观和信念。你对自己的假设条件和心态将决定你是否朝着这些目标迈出第一步。如果你选择假设条件，并相信自己有能力和价值，你就会采取行动让它成为现实。如果没有，你甚至可能不会尝试。

但是，当你开始朝着新的方向前进时，你内心的批评者会发出消极的声音，并想方设法抵制。它会告诉你这不值得……无论如何都行不通……何必呢……你算什么……认真起来！预期的改变越雄心勃勃，这些步骤越远离你的舒适区，这个批评者的声音就越大。通过调整内心的拉拉队长、实行积极的内部信息传递，学习打败批评者。

第4步：采取不完美的行动

拿一份空白日历，检查一下你在人生项目中每天的行动。使用日历很重要，因为计划好的事情通常会完成。记日记，每天至少写下朝着实现愿景的方向迈出的一步。你会惊讶于通过这些基本练习所取得的进步。

开始要简单。为了迅速进入状态，并避免不堪重负，我建议一次不要处理3个以上的个人项目。

按照将大块食物分解成一口大小的步骤，每天执行一个让你向前迈进的动作。如果你有"完美情结"，或者发现自己在拖延，无论如何都要鼓起勇气采取行动。拖延症是一种害怕失败或觉得自己不配的症状。消除这种恐惧的最好方法是采取不舒服的、不完美的、着眼于前瞻的行动。

在制定雄心勃勃的目标时，不要指望你会"做对"，更不用说完美了。尝试不同的行为和方法，看看什么有效。失败、学习、提升。请记住，人生是一项正在进行的工作。让你的方法具有适应性，而不是规定性。

对想要的目标不采取行动的最常见借口是缺乏时间。但是要意识到，缺乏时间其实很少是真正的原因，真正的原因是缺乏优先级和重要性。你只需要决定是否要优先考虑自己。每天若只花15分钟来处理人生项目，一年就相当于90多个小时。这有足够的时间来完成一些重要的事情。

想象一下，当你99岁高龄，坐在摇椅上，回顾你的生活时，你会感到满足吗？或者，你是否会对没有抓住的机遇、没有把握的机会、本可以体验却没有体验的生活，感到失望和遗憾。后悔的痛苦深深刺痛内心，总有一天会来不及的。现在是你全力以赴并充分享受生活的时候了。

第5步：回顾、重新计划和重新提交

每天监控你朝着目标迈出的步伐。每天采取一项或多项行动，让你更接近设想的未来。把它放在你的日常议程上，因为当一项任务被安排好了，它就完成了。此外，准备一份空白日历，在你执行项目的每天画上一个对号（或贴一颗金星）。并非所有项目都适合日常行动，有些需要一周内专门的时间段来完成。每周审查你的成果，给自己一个"分数"。你会惊讶于通过这个简单的习惯所取得的进步。

不时地，也许每个季度，进行回顾。从个人战略更新开始，检查你关注的项目取得的进展。删掉你已经达到或想要放手的那些项目。如果你设定了目标但没有采取行动，要问为什么。做出诚实的评价，并决定是重新提交还是放弃它们。以下是从列表中删除目标和/或项目的一些正当理由：

- 机会窗口已关闭。
- 它是别人的目标，但不是你的。

- 你已经进步了，那个目标不再适合。
- 你现在还有更多有吸引力的目标想追求。
- 你已经以另一种方式达成了目标。

按年度评价，查看当前的外部条件和你的个人情况。你的环境发生了哪些变化？更广泛地了解你现在所处的位置及你想达到的位置，然后设定新的、更合适的目标。每年生日时这样做，是你给自己最好的礼物。

想象未来的自己实现每个目标的好处，以保持动力。你的目标不必是惊天动地或改变世界的；它们会使你成为你自己。

☑ 管理梦想和失望

并非最渴望的所有目标都会实现。如果它们没有按照你的计划实现，请不要感到内疚、羞耻或自责。如果你不采取任何行动，这通常意味着目标的优先级不够高。也许你还没有准备好，或者被生活阻碍，也可能外界环境的不可控因素没有配合。无论如何，从中吸取经验教训。这些未实现目标的教训可能帮助你成功实现另一个对你更重要的目标。

重新定义失望和失败

在本书的前几章中，我讲述了早年梦想成为"火箭人"的故事，但那个梦想从来没有实现。我没有进入航空航天领域，也没有成为宇航员，更没有亲自登月。有人可能说，我未能实现那个人生目标，但这不是我设计它的方式。我认为这个目标已经实现，但不是以我预期的方式。

在战略教练、顾问和培训师的职业生涯中，我支持了许多人、机构、公司甚至国家通过启动成功的项目实现目标。对我来说，没有什么比能够与这么多有希望和梦想的优秀人士建立联系并赋予他们力量更令我满足和有价值的了。

所以，在我的思想和内心中，我仍然在从事"火箭业务"，只是以不同的方式。我的任务就是"把你发射出去"！

我从自己的经历中学到的更大的人生经验是：在每个目标背后，都有一个与个人的基本核心价值观和愿景相关的更深层次的动机。就我而言，吸引我的不是火箭燃料的气味。相反，吸引我的是做一些有意义的事情，并为有意义的事情做出贡献这一挑战。事后看来，我并不后悔，因为我能够看到太多其他机会被抓住，人生道路被开辟。正如条条大路通罗马，实现任何核心愿望也有多种途径。

当你有一个大目标时，你会在朝着它前进的过程中自我成长，无论最后是否实现了目标。一旦你准备好抓住更大的机会，你在设定目标和达成目标的过程中获得的精神和情感"肌肉"就会增加你抓住它们的能力。

我们每个人内心深处都渴望成为重要人物，并知道我们的生活有意义。请记住，本书中的原则虽然侧重于"工作项目"，但同样适用于构成你人生旅程的独特项目。今天，你有机会实现愿景，将你的"礼物"赠予他人，并体验到深刻的成就感。请享受旅行，并庆祝你自己和他人的成功。

感恩你所经历的一切

感恩你所经历的一切，包括错误和挫折。将它们重新定义为学习机会。你从艰难的经历中获得了什么品质？是同情心、韧性还是勇气？你变得更聪明了吗？感谢你犯下的所有错误，因为它们给予了你人生的教训。感谢所有你克服的障碍，因为它们使你变得更强大。如果你发现自己正在经历地狱，请继续前进！

尽管一路上有很多失败和失望，但我很感激我走过的丰富多样的道路。我的道路使我从一名工程师成为一名战略规划师、项目经理、国际发展顾问、政治竞选经理、项目经理，到教练、顾问、作家和大学讲师，以及成为好丈夫、好父亲、好朋友和世界上向善的力量。

虽然没有达成"火箭人"目标，我却找到了更充实、更重要的事：丰富他人的人生。

☑ 将自己投射到未来

在本书中，我们已经将"项目"作为名词使用了782次。但是这个词也可以是一个动词，意思是将你自己投射到我们每个人有意创造的未来（英文中project除了有"项目"之意，还有"投射"之意——译者注）。你今天正在通过你的项目、你的宣言、你的自我表达及你与他人的积极合作创造那个未来。成为最好的自己就是最好的战略。

通过将前几章中的经验教训和战略原则付诸行动，无论你是谁，你都可以获得长期收益。

我写本书的最终目的是为你提供过上精彩生活所需的工具和灵感。现在由你决定。实施你学到的东西，你会更快地移动"大山"。能做到这一点的人既罕见又急需，而现在你就是其中之一。

☑ 要点回顾

1. 你最重要的项目与你的人生息息相关。本书的原则同样适用于你的专业和个人项目。

2. 战略人生管理的真正意义在于，想象你想要的人生，成为你想要成为的人，并产生你想要产生的影响。

3. 给自己一份清晰的礼物。每年，在生日那天，深入了解自己的愿景、价值观和目标。

4. 用醒目的颜色书写愿景声明并贴在墙上或镜子上，让目标保持最新，并与朋友、家人和同事分享。记日记，每天至少写下你朝着实现目标/愿景的方向迈出的一步。

5. 创建一个简单的人生项目组合，也许从目标树开始。确定你可以朝着愿景迈进的各种方式。让目标保持流动性，并将它们分解成你可以每天处理的小切块。

6. 意识到并非所有目标都会实现；如果没有实现，不要责怪自己或他人。随着你的进步，某些目标可能过时或不再激励你，那就让它们远去，并创建一些更引人注目的目标吧！

7. 在接下来的10天内，至少选择一个项目并付诸行动。使用逻辑框架，立即去实现它吧！

☑ 接下来做什么

你现在已经读完了本书的全部12章。我相信，你会发现这些工具不仅有用，而且能为你赋能，并可应用于你的工作项目和最重要的项目——你的人生。

接下来的章节将轮到你亲自书写。你会用你学到的东西做什么？你会提出什么新想法？你愿意接受哪些更大的挑战？你将如何以不同的方式与团队互动？你将如何继续增强信心和韧性，以优化你的力量？

你如何做到这一点将是你要书写的章节。好消息是，现在你已拥有了开辟新道路所需的工具、技能和洞察。那条人迹罕至的道路也邀请你从今天启程，前行并留下你的足迹。这就是你将要书写的属于你自己的全新篇章。

我已迫不及待地想要阅读它！

附录 A

术语表

Activities **活动** 为产出成果而进行的行动步骤或任务。

Assumptions **假设条件** 影响项目成功，但项目经理无法直接控制的外部因素。假设条件可以监视、影响，有时候可以管理。

Baseline data **基准数据** 描述项目开始时必备条件的数据。它提供一个基础，以确定项目变更的性质和程度。

Bottom-up **自下而上** 从输入层级开始，使用"如果–就"思维，逻辑链接成果、意图和目的。自下而上思维可以测试战略的因果逻辑，并对自上而下的规划进行确认。

Chunking **切块** 逻辑上将大块的东西分解为小块的过程。

Chunking logic **切块逻辑** 为组织项目要素（如阶段、职能、原则、过程、里程碑等）而选择的准则。

Coupling **耦合** 一个项目元素影响或依赖另一个项目元素的情景。这种依赖关系或作用可以在假设条件一列识别。

Disaggregation **解聚** 将大的或复杂的目标分解为小的组件。

End of project status（EOPS）**项目结束状态** 一组确定项目意图实现情况的成功衡量指标。

Evaluation 评价 使用基于事实的证据，对目的的各个层级的进展进行有序的检查。建立假设条件的有效性，以改进当前的项目，并为将来的项目总结经验教训。评价用来审查"成果–意图–目的"关联，而监视用来审查"输入–输出"关联。

Execution 执行 将计划付诸行动，实现项目目标。也称实施。

Gantt chart 甘特图 也称横道图，这个图形工具用于计划和监视项目任务和活动。甘特图在垂直方向上显示关键活动，在水平方向上显示活动估算的持续时间。

Goal 目的 在项目意图之上的层级更高的、更广泛的、战略的或项目集的目标。

Horizontal logic 横向逻辑 表示在逻辑框架每个层级上的目标、成功衡量指标及核实方法的组合。

Hypothesis 假定 一个有根据的猜测；一个关于不确定性因果关系的预测性陈述。逻辑框架中每个层级之间的预测和预期的"方法–结果"关系，构成一组关联的"如果–就"假定。

If–Then thinking "如果–就"思维 一种表达原因–结果关系、方法–结果关系的方式，以一系列"如果这样–就那样"来陈述。

Indicators 指标 成功衡量指标的一部分。指标旨在用数字描述数量、质量（性能）、时间、成本和客户/顾客。

Inputs 输入 产出成果所需的活动和资源（时间、金钱和人员）。

Leading indicators 领先指标 聚焦未来的、现在可被观测到的成功衡量指标，用来预测目标的未来状态。

Linked hypotheses 关联的假定 关于项目关系的一系列预测的"如果–就"陈述。它们可以出现在逻辑框架的目标列和目标树中。

Logical Framework（LogFrame）逻辑框架 一组紧密连接的概念被组织成一个4×4矩阵，用于符合逻辑地设计出合理的项目战略。

Manageable interest 可管理利益 识别在一个大企业中被认为可实现的部分，并定义项目领导者的责任。在适当的资源水平下，项目领导者承诺通过有效的管理活动产出成果。修改活动并采取一切必要措施产生成果符合他们的可管理利益。

Matrix for the Logical Framework 逻辑框架矩阵 一个4×4矩阵，显示项目各组件之间的相互关系。矩阵分为4行（目的、意图、成果和输入）和4列（目标、成功衡量指标、核实方法和假设条件）。

Means of Verification 核实方法 用于验证指标或衡量标准的数据来源及获取方法（如市场部确定的市场份额）。

Monitoring 监视 跟踪项目进展并审查项目运行的管理职能。监视专注于逻辑框架的"输入-成果"之间的关联。

Objective 目标 一个期望的项目结果或意向，可进一步区分为成果、意图、目的、超级目的，或者愿景（注意：输入是朝向目标的行动，并不是一个目标）。

Objectives Tree 目标树 一种可视化工具，使用"如果-就"逻辑阐明复杂环境中目标之间的关系，并比较实现目的的可选方法。

Outcomes 成果 被认为必要和充分的结果，以实现项目的意图。

Outputs 输出 一个有时用于通用项目管理的术语，用来表示我们所说的成果。

PFA PFA "Plucked From Air"的首字母缩写。指一个没有证据支持的猜测。

Program 项目集 一个由向同一个目标努力的多个项目组成的"战略"。一个项目集的管理是为了达成一个目的，正如一个项目的管理是为了达成一个意图。

Project 项目 经典定义：一个由相互关联的活动和过程组成的有组织的系统，它的建立是为了按时、按预算实现具体的目标。施密特的定义：进步和变革的引擎。

Project design 项目设计 一个项目预期要实现什么（目的和意图），为了达到意图必须交付什么（成果），以及它将如何交付成果（输入）的摘要。项目设计的关键要素可以用逻辑框架的格式总结。

Project Leader 项目领导者 负责在给定的必要输入条件下产生成果以达成意图的人。

Purpose 意图 开展项目希望实现的是什么。意图描述在产生所需的成果时，预期的行为或系统状态的变化。

RAP（Rapid Action Planning）session RAP（快速行动规划）会议 一种焦点研讨会，核心团队快速建立关键的可执行的行动计划，与此同时也建立了良好的团队规范。

Psychological safety 心理安全 能够做自己和表现自己而不用担心负面后果。相信团队可以安全地承担人际关系风险。

Scientific method 科学方法 一个构建假设并通过实验来测试其有效性的过程。

Strategic Action cycle 战略行动周期 一个项目的系统透视图，它将项目的不同阶段（设计、实施和评价或思考、规划、行动和评估）作为一个整合的系统。

Strategic hypothesis 战略假定 表示一种预测：如果逻辑框架层级结构中的一个层级实现了预期的结果，并且该层级的假设条件是有效的，下一个更高层级的预期结果就会实现。

Strategy 战略 为实现组织愿景而开展的一组有组织的项目集、项目和举措。

Success Measures 成功衡量指标 一个表明目标已经实现的指标。指标可以包括数量、质量、时间范围、客户和成本。在项目设计阶段建立的衡量指标为随后的监视和评价提供了基础。

SWAG 科学胡乱猜测 "Scientific Wild-Ass Guess" 首字母缩写，表示由该领域的一位专家根据经验和直觉做出的粗略估算。它被认为比 WAG（胡乱猜测）更科学，WAG（胡乱猜测）是一种基于有限数据或经验的即兴估算。请不要与另一种更不准确的猜测估算技术PFA相混淆。

System 系统 为达到总体目的而共同工作的一组相互关联的要素。系统有时被描述为从给定的输入中产出成果并达到意图的战略或过程。

Systems thinking 系统思考 一种基础深厚、视角宽广的整体观，它将项目置于其运作的更大背景下。

Top-down Planning 自上而下规划 从总体到具体，或者从广泛到详细。在逻辑框架中，首先是目的和意图，然后是成果和输入。

Vertical logic 垂直逻辑 一种总结目标之间"如果–就"关联的方法。

Work breakdown structure 工作分解结构 一个将系统或目标解聚成组件的工具。每个成果被分解成更小的组件。该过程继续下去，以制定可以进行成本估算、进度规划、资源分配和实施的逻辑工作包。